Lukas Hamann
Wölfe der Straße

AF210140

Lukas Hamann

WÖLFE
DER STRASSE

Gedanken, Erfahrungen und Anekdoten

eines Hobbyrennradlers

Bibliografische Informationen der Deutschen Nationalbibliothek
Die Deutsche Nationalbibliothek verzeichnet diese Publikation in der Deutschen Nationalbibliografie; detaillierte bibliografische Daten sind im Internet über http://dnb.d-nb.de abrufbar.

© 2024 Lukas Hamann
2. Auflage

Verlag:
BoD · Books on Demand GmbH,
In de Tarpen 42, 22848 Norderstedt
Druck:
Libri Plureos GmbH, Friedensallee 273,
22763 Hamburg
ISBN: 978-3-7693-2017-6

„Wir fahren, um zu erfahren wer wir sind."

Marc Madiot

„Man muss die Dämonen ausblenden

und einfach entspannen.

Man denkt, man ist müde,

aber da geht noch was."

Geraint Thomas

Aus der Liebe Deines Körpers,

Deines Herzens, Deiner Seele

hast Du sie erschaffen.

Die Flügel, die mich

kreisen lassen.

Für Lila

Inhalt

Vorwort zur 2. Auflage

Nach der ersten Veröffentlichung wurde ich von einigen Leser*innen gefragt, warum ich dieses Buch geschrieben habe. Dabei ist mir klargeworden, dass ich diese Frage womöglich nicht eindeutig genug beantwortet habe.

Eines Tages fragten mich meine Söhne, nachdem sie mit mir als Rennradfahrer aufgewachsen sind, warum ich denn so viel, an manchen Wochenenden über Stunden, im Sattel sitzen würde und was daran so toll sein solle. Als ich ihnen diese Frage beantworten wollte, wurde mir bewusst, dass ich das nicht kann, zumindest nicht mal eben in aller Kürze. Zu viele Gedanken gingen mir durch den Kopf. Da bemerkte ich, wie komplex und vielschichtig das Rennradfahren ist, auch, wenn man scheinbar nur in die Pedale tritt. Somit entstand die Idee all die Facetten dieses Sports, die ich über Jahrzehnte erlebt und erfahren habe, in erster Linie für sie aufzuschreiben. Ich wollte, dass sie verstehen, was ihr Vater da eigentlich macht, warum er sich eben über Stunden auf den Landstraßen herumtreibt. Sie waren es dann auch, die mit als erste das Buch gelesen haben und darauf bin ich sehr stolz. Sie wollten wohl doch wirklich wissen, was ihr alter Herr da macht und wie er tickt.

Während des Schreibens ist mir aufgefallen, dass das Buch mehr wurde als ein reines Radfahrbuch. Rennradfahren ist sehr eng verwoben mit einer bestimmten Lebenseinstellung. Das war mir bis dahin nie so richtig aufgefallen. Erst durch das Verfassen all der Gedanken wurde mir das immer mehr deutlich. Somit beinhaltet das Buch zwangsläufig auch gewisse Erfahrungen, Ansichten und Einstellungen, die mich widerspiegeln und die ich meinen Söhnen weitergeben wollte. Wenn sie diese in Erinnerung behalten, dann hat das Buch schon sein Ziel erreicht.

Obwohl man ein Buch im Entstehungsprozess mehrmals Korrektur liest, fallen einem auch nach der Veröffentlichung irgendwann Fehler auf, die sich durch das ständige Verändern und Überarbeiten von Gedanken und Formulierungen eingeschlichen haben. Auch diese wurden in der 2. Auflage (hoffentlich nahezu alle) ausgemerzt. Zudem wurde durch das Feedback einzelner Leser*innen der Wunsch geäußert, in einige Gedanken, Erfahrungen und Anekdoten noch genauer bzw. tiefer einzutauchen. Auch diesem Wunsch habe ich versucht nachzukommen. Ich danke allen Leser*innen für die positive, aber auch kritische Rückmeldung und für die Aufgabe an einer Überarbeitung feilen zu dürfen.

Wuppertal, Oktober 2024

Prolog

Im Rhythmus, Tritt für Tritt, erklimme ich die steile Straße hinauf. Die Sonne brennt auf meinen Rücken, die Luft ist heiß und schwül, das Atmen fällt mir schwer. Den Blick nach vorne, mal nach unten auf den Asphalt gerichtet. Der Puls liegt konstant bei 140 Schlägen pro Minute. Das ist gut, das kann ich lange durchhalten, nur nicht den Rhythmus brechen, nicht übermütig werden, nicht die Kontrolle verlieren. Ich konzentriere mich auf jede Pedalumdrehung, spüre das leichte Brennen in meinen Beinen, der Schweiß glitzert auf meinen Unterarmen. Mein Tritt ist rund, ich drücke und ziehe, um die Kraft bestmöglich auszuschöpfen, verschiedene Muskelgruppen in meinen Beinen anzusteuern und dadurch die Belastung gleichmäßig zu verteilen. All das geschieht wie ein Automatismus, gelernt über Jahre im Sattel. Dennoch muss ich wachsam sein, denn die gefährlichsten Fehler passieren meistens den Erfahrensten. Die Straße ist steil, ordentlich steil. Mein Radcomputer zeigt 10% an. Kontrolliert weiter, immer weiter…

Autofahrer, die mir von oben entgegenkommen, schauen mich verwundert, teilweise ehrfürchtig an. Ich kann ihre Fragen förmlich von ihren Gesichtern ablesen: *Warum macht man sowas?* oder *Wieso tut man sich das an?* Nun, das sind berechtigte Fragen, die ich auch immer wieder von Freunden und Bekannten gestellt bekomme. Nicht nur das. Auch ich selbst hinterfrage oft, was ich da eigentlich mache: *Was stimmt nicht mit mir? Was habe ich für ein Problem, dass ich mir freiwillig diese Schinderei auferlege? Ich könnte jetzt mit meiner Frau und meinen Kindern entspannt im Freibad liegen und die wunderschöne Berglandschaft von unten genießen!*

Für Außenstehende, die diesen Sport nicht betreiben, die diese körperliche und mentale Beanspruchung nicht erleben, ist das wirklich schwer nachzuvollziehen. Für sie sind wir Rennradfahrer*innen wohl Sonderlinge, die in viel zu dünner Schutzkleidung die Straßen rasend unsicher machen und sich selbst bereitwillig in Gefahr und an den Rand der Erschöpfung bringen. Wenn man ihnen dann auch noch entgegnet, dass genau diese Schinderei und Erschöpfung bergauf einem am meisten Freude bereitet, wird das Unverständnis nur noch größer. Ich kann sie verstehen, denn es grenzt an Masochismus einen Alpenpass stundenlang hinauf zu fahren oder wiederum an Wahnsinn sich mit über 70 km/h in eine Abfahrt hinunter zu stürzen. Was für ein herrliches Unterfangen! Leidensgenoss*innen in Lycra-Hosen werden meine Entzückung verstehen, alle anderen wohl eher weniger.

Doch genau das möchte sich dieses Buch zur Aufgabe machen: Die Schönheiten dieses Sports für Enthusiasten in Worte fassen, Außenstehenden die Eigenarten näherbringen und natürlich Einsteiger*innen für die Besonderheiten begeistern.

Eines vorweg: Dies ist ein Buch eines Hobby-Rennradfahrers für Hobby-Rennradfahrer*innen. Es gibt viele tolle Bücher über den Radsport, über Helden wie Eddy Merckx, Bernard Hinault, Peter Sagan und viele mehr. Über die großen Rennen wie die Tour de France oder Mailand–San Remo. Über berühmte Anstiege wie den Mont Ventoux oder Alpe d`Huez. Sie alle sind lesenswert und ein Muss für jeden Radsportfan. Aber dieses Buch möchte eine andere Facette beleuchten. Die der „Asphaltfresser", die Jahr für Jahr tausende Kilometer in die Pedale treten, die stundenlang Berge erklimmen und sich in halsbrecherische Abfahrten begeben, ohne auf abgesperrten Straßen zu fahren, vom Fahrbahnrand aus angefeuert zu werden oder hinterher auf einem Podium zu stehen. Es geht um all die Normalos wie mich, die versuchen nicht auf der Straße überfahren zu werden, die den Sport wirklich nur aus Begeisterung und Leidenschaft betreiben, ohne dafür Ruhm und Ehre zu erlangen. Diese Begeisterung und Leidenschaft aufzuzeigen, ist ein großes Bestreben der folgenden Kapitel.

Also, stecken Sie das Buch in Ihre Trikottasche und machen Sie sich auf den Weg. Auf eine schöne Ausfahrt allein oder vielleicht mit Freund*innen. Und wenn die Kaffeepause ruft oder ein kurzer Halt in der Natur, dann lesen Sie ein paar Seiten aus diesem kleinen Buch und erfreuen Sie sich an den persönlichen Gedanken, Erfahrungen und Anekdoten eines wenig talentierten, aber umso leidenschaftlicheren Pedalritters.

I.   Der erste Rausch

Als ich zwölf Jahre alt war, schenke mir mein Großvater das erste Rennrad. Ich weiß eigentlich nicht
warum, denn ich hatte bereits ein BMX-Rad und ein
Mountainbike, die zu der Zeit in Mode kamen. Vielleicht dachte er, dieser hyperaktive, in der Schule
nicht auf seinem Platz sitzen bleiben wollende
Junge braucht die volle Palette, um seine Eltern
und Lehrer*innen nicht zu überstrapazieren. Er
fuhr zudem jede Woche mit mir Schwimmen und
wir unternahmen regelmäßig lange Wanderungen.
Ich genoss diese Zeit sehr und fühlte mich von ihm
immer verstanden. Eines Tages stand ein Rennrad
vor seinem Garagentor. Ich betrachtete es ausgie-
big. Der Lenker und die dünnen Reifen lösten Ver-
wunderung in mir aus. Als er mir dann eröffnete,
dass es für mich sei, war ich erst recht skeptisch. Es
war ein rotes Rennrad und es war mir viel zu groß.
Dennoch nahm ich es dankend an und inspizierte

das Gefährt zunächst auf „Herz und Nieren". Es machte mich neugierig. Gerade, weil mein Großvater anscheinend der Meinung war, dass ich mich wohl mit ihm befassen und in Bewegung setzen sollte. Ich drehte eine Runde um das Haus. Eine unmittelbare Begeisterung wollte sich nicht einstellen. Die Schaltung konnte mit der Präzision der des Mountainbikes nicht mithalten (zumal es auch noch eine Rahmenschaltung hatte) und die Reifen waren, wie gesagt, so dünn, dass ich mich fragte, wie man da unversehrt wieder nach Hause kommen sollte. Zudem hatte die rechte Pedale eine kleine Unwucht, die man bei jeder Umdrehung leicht spürte. Ich habe versucht diese selber zu reparieren, doch es gelang mir nicht. Vor meinem Großvater wollte ich mir die Blöße nicht geben, dass ich an seinem Geschenk etwas auszusetzen hatte oder dass ich nicht in der Lage war dies selber zu beheben, denn er war wirklich ein toller Handwerker und darin sehr begabt. Also gewöhnte ich mich bei den Ausfahrten an diese kleine Unwucht, auch, wenn ich sie immer wahrgenommen habe. Ich habe sie akzeptiert und damit unwissend eine erste wichtige Lektion gelernt. Warum erzähle ich das? Weil diese Beschwerlichkeit durch die Pedale sehr viel über die Einstellung in diesem Sport aussagt (worauf ich zu einem späteren Zeitpunkt noch eingehen werde). Obwohl mich das Rennrad nicht sonderlich überzeugt hatte, nahm ich es dennoch ab und zu aus dem Keller, um einige erste Ausfahrten damit zu unternehmen.

Relativ schnell bemerkte ich, dass diese Ausfahrten mit dem „Renner" ganz anders waren als die mit den beiden anderen Rädern. Während ich mit dem BMX geschickt Tricks und Sprünge machen konnte und das Mountainbike mich mit seinen breiten Reifen sicher über Stock und Stein transportierte, war das Fahren mit dem Rennrad zunächst eins: unbequem. Dies lag nicht nur an der bereits genannten

Unwucht. Die ganze Haltung war unbequem. Die starke Neigung des Oberkörpers nach vorne, die Erschütterungen bei jeder Bodenwelle, die nervöse Lenkung, die Nackenschmerzen, die tauben Finger nach einer gewissen Zeit. Es war irgendwie ein komisches, altes Rad und ich hatte mit ihm zu kämpfen.

Doch da war etwas, das mich dennoch immer wieder zu Ausfahrten animierte. Es war nicht leicht dieses Rad zu beherrschen, als würde man ein wildes Tier zähmen wollen. Jedes Mal aufs Neue musste ich mich zu Beginn der ersten Kilometer an das Gefährt gewöhnen, an die Haltung, an das unruhige Fahrgefühl, und vor allem an die sensible Rahmenschaltung, die die Kette von Gang zu Gang springen ließ, wenn man sie nicht ganz präzise auf die jeweilige Übersetzung eingestellt hatte. Es war regelrecht essenziell sich in das Rad hineinfühlen zu müssen, damit die Technik nicht streikte und man in Fahrt kam. Heute, mit den modernen mechanischen und mittlerweile elektronischen Schaltungen, gehören diese Beschwerlichkeiten der Vergangenheit an, aber damals war es wirklich ein langer Prozess des Kennenlernens mit seinem Veloziped. Nach einer gewissen Zeit hatte ich den Dreh raus und dann war es der Wahnsinn auf zwei Rädern.

Das Erste, das mir damals beim Rennradfahren in den Sinn kam, war: *Geschwindigkeit*. Nie zuvor hatte ich erlebt, dass ich mich selber, Kraft meines eignen Körpers, meiner Beine, mit solch einer Geschwindigkeit fortbewegen konnte. Es fühlte sich irgendwie unwirklich an und auch heute noch, nach über 30 Jahren im Sattel, ertappe ich mich bei Ausfahrten immer wieder bei dem Gedanken, was für eine unglaubliche Erfindung doch so ein Fahrrad ist. Noch fing ich im zarten Alter von zwölf Jahren nicht an die steilen Berge meiner Umgebung zu erklimmen, ich fürchtete mich zu sehr vor ihnen, aber das harte Treten in die Pedale im Flachen eröffnete mir relativ schnell, dass das Rennradfahren etwas Besonderes war und mich gepackt hatte. Der erste Rausch, es war um mich geschehen!

Heute habe ich das große Glück diesen Rausch bei meinem Sohn entfachen zu dürfen. Wenn ich ihn auf seinem Rennrad beobachte, wie seine Augen leuchten, wenn er auf bis zu 30 km/h auf unserer heimischen Radtrasse beschleunigt, dann sehe ich mich als Zwölfjähriger in ihm wieder. Wie gerne würde ich mit ihm tauschen, diese erste Erfahrung, ja Erweckung nochmal erleben. Vielleicht wird auch er, nach und nach, immer mehr Freude und Begeisterung für diesen Sport entwickeln, ich würde es ihm wünschen.

Dieser alte, schöne und doch etwas eigenwillige rote Blitz hatte mir damals die Welt des Rennradfahrens eröffnet. Und obwohl ich aufgrund meines

Interesses für den Sport allgemein und meines Studiums der Sportwissenschaft zahlreiche Sportarten erprobt, vereinsmäßig betrieben und dann irgendwann auch wieder aufgegeben habe, war der Rennradsport immer mein ständiger Begleiter, der bis heute an meiner Seite geblieben ist. Mehr noch, heute ist er präsenter denn je. Denn mit zunehmendem Alter ist er eine der wenigen Sportarten, die man noch auf einem ganz ordentlichen Niveau weiter betreiben kann. Somit ist der Rausch hoffentlich noch lange nicht vorbei. Manchmal habe ich das Gefühl, dass er zu einer zweiten, neuen Stufe übergegangen ist. Die kindliche Leichtigkeit ist einer altersbedingten Anstrengung gewichen. Man will, man muss den Motor am Laufen halten, Körper und Geist weiter fordern und immer wieder ausloten, was noch möglich ist. Der Wettstreit richtet sich mit der Zeit immer weniger gegen andere und immer mehr gegen sich selbst. Aber auch diese

Stufe kann man mit Freude und Enthusiasmus füllen, auch wenn es mich schon ziemlich wurmt, wenn die Frischlinge einen abhängen. Der erste Rausch ist für immer in der Erinnerung eingebrannt. Er lässt einen nicht los, will immer weiter gefüttert werden, auch, wenn die braun gegerbten Beine langsamer und langsamer werden.

Die Sonne stand hoch am Himmel, die Luft war warm und roch nach Sommer, Oasis sangen: „Hey you, up in the sky, learnin` to fly, tell me, how high…" Mein T-Shirt flatterte im Wind, die Beine kurbelten wie verrückt. Ich raste die Landstraße entlang. Bäume, Felder und Häuser flogen an mir vorbei. Ich schaute auf meinen Vorderreifen, wie er über den Asphalt flog, der graue Untergrund, wie ein Teppich aus tausenden kleinen Fäden, die nach hinten davoneilten. Mit jedem Gang, den ich raufschaltete, wurde ich schneller und schneller. *Was ist das für eine Rennmaschine da unter mir*, dachte ich freudestrahlend. Nie zuvor hatte ich mich in der Welt so schnell bewegt. Meine Hände wurden feucht, eine innere Hitze durchzog meinen Körper, doch ich hatte überhaupt nicht das Gefühl mich anstrengen zu müssen. Bergab, vor scharfen Kurven, holte ich Autos ein. Ich hätte sie sogar überholen können, doch ich traute mich nicht. Ich war noch ein Kind und hätte schneller als ein Auto fahren können? Diese Erkenntnis überwältigte mich! Als ich zuhause ankam, lehnte ich das Rad gegen das Garagentor und betrachtete es noch eine Weile. Ich war geplättet. War das Alles gerade wirklich passiert oder hatte sich die Welt um mich nur einfach langsamer gedreht oder ich mich in ihr schneller? Ich schaute hinauf zu den Fenstern meines Großvaters, doch ich konnte ihn nicht sehen. Ein Gefühl großer Dankbarkeit machte sich in mir breit. Er war immer der Größte für mich - und ab da noch ein Stückchen mehr.

II.   Freiheit

Nicht nur die Geschwindigkeit war ein neues Erlebnis, das mich schon damals so sehr begeistert hatte. Es war auch der neu gewonnene Zustand der Freiheit. In meiner Kindheit der 90er Jahre gab es noch keine Handys, zumindest nicht für Normalsterbliche oder Kinder, geschweige denn Smartphones. Wenn ich rausgehen wollte, um zu spielen, musste ich mich nach einer gewissen Zeit immer Zuhause vor Ort melden, um Bescheid zu geben, dass alles in Ordnung war. Leider akzeptierten meine Eltern auch keine Anrufe von der Telefonzelle aus, also musste ich wirklich immer zwischendurch heimkommen, um mein verschwitztes Gesicht zu zeigen. Dies machte es mir unmöglich sich auch mal weiter weg von Zuhause zu bewegen. Mit zunehmendem Alter wurden die Abstände des, wie wir es nannten, „sich Meldens" zwar immer länger, aber dennoch war man beim Fußballspielen oder beim Skaten im Park immer relativ ortsgebunden. Das änderte sich mit dem Rennradfahren schlagartig. Zum ersten Mal konnte ich mich aufgrund der Geschwindigkeit so weit weg fortbewegen wie noch nie und dennoch rechtzeitig zu den vereinbarten „Kontrollen" zurück sein. Ich weiß, dass meine Eltern es nur gut meinten und sich Sorgen machten, aber es hatte mich ziemlich genervt und trotzdem bin ich ihnen dankbar.

Diese „weiten" Ausfahrten von bis zu 20 km von Zuhause, meine Eltern durften natürlich nichts davon wissen, erweiterten meinen kindlichen Horizont ungemein. Ich war so begeistert und stolz, dass ich, alleine, Orte erreichen konnte, die wir als Familie sonst nur mit dem Bus oder dem Auto besucht hatten. Dieser Zustand macht einen angehenden Teenager unglaublich selbstbewusst und vermittelt einem das Gefühl der Fähigkeit. Immer wieder begegnete ich anderen, älteren Rennradfahrern und ich fühlte mich wie einer von ihnen, auch, wenn ich damals von keinem von ihnen das Hinterrad halten konnte. Jede dieser Ausfahrten war ein kleines Abenteuer, das ich einging, das mir Herzklopfen bereitete und das ich für mich behielt. Selbst heute noch ist dieses Gefühl, diese Aufregung, dieses Staunen immer wieder vorhanden: *Wow, ich bin 70 km weit weg von Zuhause und das nur mit der reinen Muskelkraft meines Körpers!* oder *Ich war doch noch vorhin da drüben auf dem anderen Bergkamm und jetzt bin ich schon hier? Nicht schlecht, alter Mann!*

Das Rennradfahren bietet einem aber noch einen weiteren Aspekt der Freiheit. Wenn man sich auf den Weg macht, ist man komplett frei in seinen Entscheidungen: *Fahr ich heute nur die kleine Feierabendrunde oder habe ich richtig gute Beine für eine lange Ausfahrt? Fahr ich gleich da vorne links oder rechts? Nehm ich den Berg heute mit oder*

lasse ich es sein? Bleibe ich an seinem Hinterrad o-
der ziehe ich vorbei und zeige ihm, was meine Beine
heute so draufhaben? usw. Das Rennradfahren ist
ein Fahrtenspiel, ein Spiel mit sich selbst und den
eigenen Vorstellungen, Bedürfnissen und dem eigenen Leistungsvermögen.

Freiheit bedeutet jedoch nicht, dass man sich über
die Straßenverkehrsregeln hinwegsetzt und andere
und sich selbst dadurch in Gefahr bringt. Dies gilt
jedoch auch für Auto- und Motorradfahrer, die ich
zu dem Thema später noch herzlich einladen
möchte.

Es war ein wunderschöner Tag in den Sommerfe-
rien und mein rotes Rennrad strahlte frisch geputzt.
Ich fühlte mich gut und meine Beine erledigten ihren Job wie von allein. Die Felder und Weiden rasten an mir vorbei und die Kühe schauten mich
gleichgültig an. Die Straße lag breit und offen vor

mir und ich tat so, als wäre ich „El Rey" (der König), der große Miguel Indurain, fünffacher Tour de France-Gewinner, dem Peloton davoneilend. Allein auf dem Weg zum Ziel, den Triumph vor Augen. Auf meinem Tachometer standen 25 gefahrene Kilometer und es wurde Zeit umzukehren, um nicht zu spät zum Mittagessen zu erscheinen. Plötzlich packte mich eine große Leere. Meine Beine verweigerten ihren Dienst und ich schleppte mich mit Schrittgeschwindigkeit heimwärts. Würde mich wohl das Fahrerfeld wieder einholen? Werde ich das Rennen verlieren? Ein Hungerast, oh wie bitter, ein Hungerast und ich habe nichts dabei. Der Rückweg kam mir endlos vor und ich habe zwischenzeitlich mit dem Gedanken gespielt mich in den Graben zu legen und etwas auszuruhen. Aber nein, „El Rey" würde das niemals tun! Ich musste weiter, alles aus mir rausholen, Kräfte aufbringen, die ich nicht mehr hatte. Erschöpft und dennoch glücklich

kam ich zuhause an, setzte mich an den Mittags-
tisch, schmunzelte vor mich hin und ließ mir nichts
anmerken. Am Abend sah ich im Fernsehen wie Indurain am Berg von seinen Rivalen abgehängt
wurde. Sein Gesicht hatte seine sonst so erhabene
Leichtigkeit verloren. Es wirkte matt und grau und
er konnte seinen Gegnern nicht mehr folgen. „El
Rey" war geschlagen.

III. Mit allen Sinnen

Es gibt zwei wesentliche Möglichkeiten den Rennradsport zu betreiben: Draußen an der frischen Luft
oder drinnen auf der Rolle (mittlerweile sogar vir-
tuell und online gegen andere Fahrer*innen mit einer entsprechenden technischen Ausstattung). Das
Fahren draußen auf der Straße ist jedoch die Ur-
form des Sports und um die geht es hier in erster
Linie.

Das Rennradfahren auf dem Asphalt geschieht mit
allen Sinnen. Allein über das, was man wahrnimmt,
könnte ein ganzes Buch geschrieben werden. Da ist
natürlich zunächst das Fahrrad an sich. Es ist viel fi-
ligraner als andere Fahrradtypen. Durch die Leichtigkeit und deutlich höhere Steifigkeit des Rahmens
nimmt man das Fahren viel bewusster wahr. Jede
Unebenheit, jedes Schlagloch, sogar die unter-
schiedlichen Asphaltbeläge leitet das Rad an den
Fahrer weiter. Er fühlt die Straße, er schaut, wie

sein Gefährt auf diese Bedingungen reagiert. Manchmal rede ich sogar mit dem grauen Untergrund. Lobe ihn dafür, wie schön er sich fahren lässt, schimpfe über seine Grobheit oder seine Risse, die mich noch mehr Kraft kosten. Jedem Rennradfahrer und jeder Rennradfahrerin geht das Herz auf, wenn er eine frisch geteerte Straße vor sich sieht und jeder bzw. jede bekommt regelrecht einen Wutanfall, wenn der Acker aus grauem Asphalt nicht enden will. Ich möchte natürlich nicht unterstellen, dass beim Mountainbiken auf Trails oder Waldwegen, beim BMX fahren auf Rampen oder im Parcours kein Gefühl entsteht und dass das nur ein Privileg des Rennradfahrens ist. Für mich ist es aber ein anderes Gefühl, das auf der Straße entsteht. Ich empfinde es unmittelbarer, differenzierter bzw. detaillierter. Aber das ist natürlich nur meine persönliche Wahrnehmung.

Eine weitere wesentliche Wahrnehmung, die unbedingt hervorgehoben werden muss, ist die des Windes. Der Wind spielt beim Rennradfahren eine sehr dominante und manchmal sogar eine entscheidende Rolle. Bei den Profis kann er durchaus sogar über Sieg und Niederlage entscheiden. Aber auch bei gewöhnlichen Trainingsausfahrten kann er einem richtig weh tun oder aber einen herrlichen Vorwärtstrieb bescheren. Er ist ein wahres Monster, eine Naturgewalt, ein guter Trainingspartner und ein übler Gegner. Meistens tut er mir richtig weh, weil ich ein eher leichter Fahrer bin und er mich gefühlt zum Stehen bringt. Der Wind ist ein gutes Beispiel dafür, dass man die Natur niemals unterschätzen sollte. Seitenwinde und Windkanten fürchten alle Pedaleros, zurecht.

Genauso verhält es sich mit dem Regen. Nur wenige mögen ihn, die meisten bleiben dann einfach zuhause. Es ist ein schreckliches Gefühl völlig durchnässt und halb erfroren vor sich hin zu pedalieren (es sei denn, man gerät in einen wohltuenden Sommerregen, der einem eine angenehme Abkühlung verschafft). Das Wasser spritzt von allen Seiten, nimmt einem die Sicht und schwappt in den Schuhen vor und zurück. So widerlich es auch ist, so stolz ist man dann doch, wenn man eine so fürchterliche Ausfahrt gemeistert hat. Meistens gehöre ich zu den Leuten, die dann doch eher daheimbleiben. Doch manchmal packt mich der Wahnsinn, dann setze ich mich dieser Pein freiwillig aus. Wahrscheinlich, um mir irgendwas zu beweisen.

Wenn man im Auto sitzt oder einen geschlossenen Motorradhelm trägt, dann nimmt man die Umgebung auf, aber mit einer gewissen Distanz. Man ist mehr isoliert von dem, was einen umgibt. Cabrio-Fahrer*innen werden mir jetzt vehement widersprechen, aber ich hatte früher selber eines und es ist wirklich nicht das Gleiche. Wenn ich Rad fahre, dann rieche ich die Luft, die Felder, die Bäume und Gräser, rieche und höre verschiedene Gegenden, die ich durchfahre. Der Kopf wird regelrecht geflutet von Eindrücken, die einen umgeben. Das erfordert höchste Aufmerksamkeit und doch ist man gleichzeitig ganz bei sich. Ein Wechselspiel zwischen Innen und Außen, ein Lauschen in die Weite und ein Horchen in sich selbst. Durch die geringere Geschwindigkeit hat der Moment Zeit sich zu entfalten, bei mir bewusster anzukommen. Diese Momente können sehr unterschiedlich sein und verleihen allem einen Charakter, eine gewisse Note. Es bleibt nie bei einem bloßen Durchfahren der Landschaft, es ist stets ein Erleben, ein Aufsaugen der Wirklichkeit. Man wird demütig vor den Besonderheiten und Schönheiten der Elemente. Dadurch wachsen Dankbarkeit und der Wunsch all das erhalten zu wollen. Denn es ist ein herrliches Gefühl frische Morgenluft auf der Landstraße einatmen zu können, das Erblühen und Vergehen der Natur zu riechen oder dem Sonnenuntergang an milden Abenden entgegen zu radeln.

Ein sonniger Sonntag im Herbst. Ich fahre meine heimische Runde über die Landstraßen der Umgebung. Der Wind ist heute recht angenehm, nicht zu kalt und auch nicht böig. Vielleicht habe ich mich sogar einen Tick zu warm angezogen, das ist nicht immer so leicht einzuschätzen zu dieser Jahreszeit. Die Luft riecht herrlich nach Laub: *Das Herbstlaub trägt den Sommer fort...*, geht mir durch den Kopf, wieder neigt sich eine Saison dem Ende. Die Straßen sind etwas leerer als noch vor ein paar Wochen. Ich höre die Krähen über mir kreisen und blicke der tief stehenden Sonne entgegen. Von hinten nähert sich ein Auto. Schon am Geräusch des Motors versuche ich zu erahnen, ob es mich weiträumig oder wie so oft zu dicht überholen wird. Nach all den

Jahren bilde ich mir ein es tatsächlich daran erkennen zu können und oft liege ich richtig. Bevor das Auto auf meiner Höhe ist, schaue ich kurz über meine linke Schulter: *Ich sehe dich Freundchen, halt bloß Abstand, sonst wird es für uns beide ungemütlich.* Diesmal habe ich Glück, der Autofahrer verhält sich vorbildlich, ich zeige ihm einen Daumen nach oben. An der nächsten Kreuzung biege ich rechts ab, der Straßenbelag wird schlagartig schlechter. Eine Slalomfahrt um die Schlaglöcher beginnt: *Wie ich es hasse....* Ein Schild weist mich auf Straßenschäden hin. Das steht hier schon seit Jahren. Vielleicht sollten sie noch einige mehr aufstellen, für jedes Jahr eins. Und dennoch mag ich diese verfluchte Straße. Der Ausblick ist wunderschön, die schnellen Kurven eine Achterbahn der Gefühle. Die Beine fühlen sich heute ganz gut an, also nehme ich einen weiteren Umweg mit. Wer weiß, wie viele goldene Herbsttage dieses Jahr einem noch bescheren wird.

IV.   Die Straße und ich

Unsere heutige Welt ist geprägt von Zerstreuung. Durch den rasanten technischen Fortschritt und die damit einhergehende Digitalisierung entstehen unzählige Angebote der Unterhaltung und Freizeitgestaltung. Den größten Wert, den wir Menschen dabei für die Freizeitökonomie haben, ist der unserer Aufmerksamkeit. Jeder Bereich, jedes Angebot möchte unsere Aufmerksamkeit auf sich lenken. Wir werden geflutet mit Möglichkeiten und sollen uns stets für oder gegen etwas entscheiden. Dies ist ein neuer Zeitgeist, den wir im 20. Jahrhundert so nicht hatten. Dort waren die Möglichkeiten der Freizeitgestaltung relativ klar und überschaubar. Man hatte „seinen Sport" oder „sein Hobby" und blieb in der Regel über eine längere Zeit auch dabei. Die Ablenkungsfaktoren waren überschaubar und keine sozialen Medien priesen stets das nächste „must have" oder „do it" Ding an. Heute leben wir in einer völlig anderen Realität. Die Digitalisierung hat unsere Lebensweise grundlegend verändert. Durch die zunehmende künstliche Intelligenz wird dieser Prozess in den nächsten Jahrzehnten noch gravierend verstärkt. Es wird immer schwieriger sich zu entscheiden, zu priorisieren, zwischen Authentizität und Fälschung zu unterscheiden. Auch im Arbeitsleben werden wir mit diesen neuen Bedingungen konfrontiert. Auf der einen Seite werden zwar Arbeitsprozesse immer mehr vereinfacht (Stichwort: Benutzerfreundlichkeit), auf der anderen Seite nimmt der Umfang der Aufgaben und Prozesse immer mehr zu. Vieles wird einfacher, aber eben auch differenzierter. Dadurch häufen sich Fehleranfälligkeiten, die wiederum mehr Spezialwissen erfordern. All dies in der Summe führt oft zu einer Überforderung der menschlichen Psyche und auch der körperlichen Konstitution. Nicht ohne Grund sind Erkrankungen des Muskel-Skelett-Systems und psychische Probleme die häufigsten

Gründe für Krankmeldungen. Laut Carl Tillessen kippen wir ständig zwischen digitaler Allmacht und analoger Ohnmacht. Die „schöne neue Welt" bietet uns sehr viel an, aber sie verlangt uns auch umso mehr ab. Es wird daher immer schwieriger in diesem Dschungel an Möglichkeiten und Anforderungen den Überblick zu behalten und sich nicht zu verlieren. Nicht ohne Grund können wir in letzter Zeit den gestiegenen Wunsch nach Entspannung und mehr Work-Life-Balance in der Gesellschaft feststellen. Achtsamkeitsseminare, Meditations- und Yogakurse werden immer beliebter. Die Menschen sehnen sich nach Fokussierung, die sie wieder aus dem Dschungel zu sich selbst führt. Leider wird natürlich auch dieser Bereich nach und nach ökonomisiert, sodass das Angebot immer vielfältiger wird und man irgendwann auch nicht mehr weiß, welcher Yoga-Kurs denn nun am besten zu einem passt.

Auch der Radsport hat in den letzten zwei Jahrzehnten nicht geschlafen. Auch hier hat der technische Fortschritt, die Auswahl an Komponenten und ihre Einsatzmöglichkeiten rasant zugenommen. Dennoch besteht ein Fahrrad immer noch aus zwei Rädern, zwei Bremsen, einem Rahmen, Pedalen und einem Kettenantrieb. Der „Draht-, Aluminium- oder Carbon-Esel" bleibt ein „Esel". Anders als beim Yoga oder Meditieren braucht man nicht zwingend einen Trainer, der einem das „richtige Radfahren" beibringt. Natürlich sollte man einige Verkehrsregeln kennen und beachten und auch das Gleichgewicht halten können, aber das sollte jeder mit der Zeit selber hinbekommen. Eigentlich ist es ganz einfach: *Geh raus und fahr!* Jetzt werden einige sagen: „Ja, aber die richtige Sitzposition ist wichtig oder das Radfahren hat auch seine spezifischen Fahrtechniken und Strategien, die erlernt werden müssen." Das ist sicherlich richtig, doch gerade zu Beginn nicht so wesentlich. Sich einfach ein

Fahrrad zu schnappen und loszulegen, darauf kommt es zunächst an.

Wenn ich danach gefragt werde, was mir am stundenlangen Rennradfahren auf der Straße so gut gefällt, dann antworte ich meistens: *Allein sein*. Allein auf dem Rad, mit der Straße und sich selbst. Keine Fragen, keine Gespräche, keine Aufgaben, nichts als der Moment, das Vorbeiziehen der Mittelstreifen auf der Fahrbahn, das Pochen meines Herzens, das Ein- und Ausatmen, der Schweiß auf meiner Haut. Ich denke nicht, ich trete, trete und trete... Es ist eine Art der Meditation in ständiger, gleichmäßiger Bewegung. Durch die Belastung nimmt man seinen Körper intensiver wahr. Ein inneres Erleben stellt sich ein. Der Fokus liegt im Hier und Jetzt. Es gibt kein Gestern und auch kein Morgen, es gibt nur den nächsten Tritt. Sportler sprechen bei diesem Zustand von dem sogenannten *flow*, das harmonische Erleben des Körpers und des Geistes, das Einssein mit sich und dem, was man tut. Gerade Ausdauersportarten sind sehr gut geeignet, um diesen Zustand der vollständigen Fokussierung zu erreichen. Es ist sicherlich Typsache, aber für mich gibt es keinen Sport, und ich habe schon einige betrieben, bei dem der *flow* so intensiv in Erscheinung tritt, wie beim Rennradfahren auf der Straße. Wer mal über mehrere Kilometer einen Berg mit konstanter Steigung und konstantem Tritt gefahren ist, wird verstehen, was ich meine. Ab einem bestimmten Moment hat man das Gefühl, als würden die Beine von alleine kreisen, als wäre man im Autopilot, der einen so flüssig voranbringt, so mühelos, obwohl eine leichte Anstrengung spürbar ist. Ich fühle mich dann wie in einem mentalen Tunnel, alles wird eins, mein Körper, mein Geist und die Welt um mich herum. Ein grandioser Moment, der nicht bei jeder Ausfahrt entsteht. Es ist nicht möglich ihn zu erzwingen oder ihn zu planen. Er kommt, wenn er kommt. Wie ein Geschenk, das man nicht erwartet hat.

Wir Rennradfahrer*innen sind regelrechte „Kilometerfresser". Das kann man als langweilig oder eintönig erachten, jedoch nur von außen betrachtet. Der sagenumwobene *flow* braucht eben eine gewisse Dauer, um zu einem zu kommen. Aber es lohnt sich jeder Kilometer, glauben Sie es mir. Darüber hinaus habe ich zu Beginn des Kapitels geschrieben, dass wir in einer Zeit der Zerstreuung und des „Aufmerksamkeitsraubs" leben. Dazu ist das Radfahren ein perfekter Gegenspieler bzw. Ausgleich, wenn man sich auch da nicht durch die neuen Möglichkeiten des Trackens von Leistungs- und Gesundheitsdaten vereinnahmen lässt. Viele Rennradfahrer*innen sagen mittlerweile: „Was nicht auf Strava (einer Online-Plattform zum Hochladen von Ausfahrten mit öffentlich sichtbaren Leistungsdaten) hochgeladen wird, ist nie gefahren worden." Ich sehe das grundsätzlich anders. Alles, was ich gefahren bin, ist in mir und meinen Gedanken abgespeichert. Reicht das nicht? Muss es immer der Vergleich mit anderen sein? Messen wir uns heute nicht schon genug in den sozialen Medien oder wo auch immer? Wenn ich aufs Rad steige und auf die Straße hinausfahre, dann will ich einfach nur in die Pedale treten, mich an der Bewegung, an dem Fortkommen erfreuen. Rennradfahren ist eine äußerst puristische Tätigkeit, eine völlige Einkehr in die immer gleiche Bewegung. Nur 28 mm, die den Untergrund berühren, so nah daran der Welt davon zu fliegen. Wenn ich es dabei belasse, dann ist es nicht anders als vor zehn, zwanzig oder dreißig Jahren. Radfahren ist zeitlos, es muss keinem Trend folgen oder sich dem Zeitgeist anpassen. Wenn ich dann noch ab und an mein altes Schätzchen aus dem Keller raushole, ein Peugeot-Rennrad von 1981, mir mein Retro-Trikot von Sonolor-Gitane überstreife und meine Radmütze anziehe, dann scheint die Zeit stehen geblieben zu sein. Ich fühle mich wieder wie ein Kind und die Welt aus tausenden von Optionen, die an mich herangetragen werden, verschmilzt zu einer wohltuenden Klarheit bzw. Schlichtheit. Seit Neuestem habe ich eine weitere Leidenschaft für mich entdeckt, die meine Ausfahrten zusätzlich bereichert. Schon immer fand ich die analoge Fotografie spannend. Das Aussuchen besonderer Motive, wohl wissend, dass man nur eine begrenzte Anzahl von Bildern auf einem Film hat, nicht wissend, ob sie direkt was geworden sind und das längere Warten auf die hoffentlich gelungenen Ergebnisse. Bei meinen Ausfahrten, auch auf den heimischen Straßen, erlebe ich immer wieder Segmente bzw. Orte, die eine schöne Perspektive darbieten oder auch eine ganz besondere Stimmung ausstrahlen. Obwohl ich manche Teilstücke schon hunderte Male durchfahren habe, bin ich immer wieder begeistert und sogar manchmal auch ergriffen mich in dieser Szenerie bewegen zu dürfen. So halte ich nun an solch einer Stelle an, warte einen Augenblick ab, bis sich mein Puls etwas erholt hat und fotografiere die Schönheit, die sich mir präsentiert. Ich warte zudem auf einen Moment der Einsamkeit, sodass ich mit der Straße allein bin und sie gefühlt nur mir gehört. Für einen Rennradfahrer bzw. eine Rennradfahrerin ist es ungewöhnlich zwischendurch einfach anzuhalten, wir sind auf Tempo und Kontinuität gepolt, denn solche kurzen Pausen brechen den Rhythmus. Zugegeben, zu Beginn fiel es mir nicht leicht, es fühlte sich unnatürlich an am Berg oder auch in einer Abfahrt stehen zu bleiben und die Kamera aus der Trikottasche rauszuholen. Doch mit der Zeit verspürte ich eine sich einstellende Ruhe bzw. einen inneren Frieden, der mir jetzt diese Ausflüge auf eine ganz andere Art ver-

süßt. Keine Zerstreuung, kein Aufmerksamkeits-
raub, bloßes Innehalten im Augenblick. Dabei
macht es einen großen Unterschied, ob ich mehrere Fotos mit dem Smartphone schieße, direkt
checke, ob sie was geworden sind und vielleicht
noch auf sozialen Medien hoch lade oder ob ich
einfach nur einmal auf den Auslöser drücke, mich
nicht in der Auswahl sowie der Bewertung verfange
und einfach weiterfahre. Die Tatsache, dass man
nicht direkt ein Ergebnis bekommt, ist in unserer
heutigen Zeit immer weniger gegeben. Das auszu-
halten ist schwer geworden. Doch es ist eine gute
Übung gegen die Überhitzung der Welt. Natürlich
mache ich solche Ausfahrten eher sporadisch, denn
einen flüssigen Rhythmus zu fahren ist einfach eine
wunderbare Tätigkeit. Doch hin und wieder sich für
solche Momente Zeit zu nehmen, sich nicht zu het-
zen und eine Impression auf sich wirken zu lassen,
ist eine tolle Abwechslung. Wer weiß, vielleicht

entsteht daraus irgendwann ein herrlich monotoner Fotoband, der nur Straßen zeigt. Das wäre dann wirklich nur was für absolute Asphaltfetischisten.

Bei dieser „neuen Art" meiner Ausfahrten ist mir noch ein Aspekt aufgefallen, dem ich nie so viel Beachtung geschenkt habe: Eine Straße gleicht nie einer anderen Straße. Jede Gerade, jede Kurve, jede Steigung und jede Abfahrt hat einen eigenen Charakter. Manche Kurven lassen sich leicht durchfahren, andere machen wiederum unangenehm zu. Auf einer Geraden kommt man zügig voran, auf einer anderen hat man das Gefühl zu stehen und überhaupt nicht vorwärts zu kommen, obwohl beide sich äußerlich gleichen. Einige Steigungen lassen sich flüssig fahren, während andere die Kraft nur so aus den Beinen saugen, obwohl die Steigungsprozente im Absoluten ähnlich sind. Hinzu kommt natürlich jedes Mal die unterschiedliche Beschaffenheit des Untergrunds. Auch die Fahrer*innen machen auf jedem Meter eine individuelle Erfahrung, die nie einer anderen gleicht. Und egal wie oft man eine Straße lang gefahren ist, beim nächsten Mal fährt man sie immer etwas anders. Besonders in den Abfahrten ist das sehr deutlich zu vernehmen. Manche bin ich schon hunderte Male gefahren und doch ist die Fahrlinie nie identisch. Mal den Bremspunkt zu spät oder zu hart gewählt, schon muss man sich auf eine neue Situation einstellen und sein fahrerisches Können unter Beweis stellen. Auch wenn von außen betrachtet eine Straße nur einem grauen, unbedeutenden Weg gleicht, der uns von A nach B bringen soll, so ist sie für uns Rennradfahrer*innen viel mehr als das. Sie ist für uns wie ein Buch, bei dem wir nicht wissen, was auf der nächsten Seite passiert: Abenteuer? Krimi? Drama? Komödie? Alles ist möglich.

Die Schuhplatten rasten in die Pedale ein, die Straße liegt vor mir, ich beschleunige auf 30 km/h und versuche die Geschwindigkeit zu halten. Der Puls steigt langsam an. Ich fühle, wie die kalte Luft meine Lunge füllt, mein Körper erwärmt sich, leichter Schweiß unter der Windjacke macht sich breit. Vorhin hatte ich noch ein stressiges Meeting, das ist jetzt egal. Die Gedanken verlieren sich im Fahrtwind hinter mir. Alles was ich jetzt will ist „dumm treten", so nenne ich das immer. Das Herz pocht schneller, ich kann es ganz intensiv spüren. Die Beine kreisen gleichmäßig wie die Kolben eines Motors. Ich rede nicht, ich bewerte und urteile nicht. Das Summen der Laufräder umkreist wohltuend meine Ohren. Ich höre Autos vorbeifahren. Denke nicht nach, woher sie kommen oder wohin sie fahren. Denke nicht nach, was der nächste Tag bringt. Rechtskurve, weit links anfahren, Bremspunkt finden, rüber ziehen, rollen lassen, Linkskurve, geschmeidig rein, Linie finden, Blick zum

Kurvenausgang, schalten, sauberes Klicken, Wiege-
tritt, Beschleunigung. Ich fahre, also bin ich.

V.   Alles ist Rhythmus

Alles im Leben ist gezeichnet durch Rhythmen. Den
Lebensrhythmus mit Geburt, Jugend, Alter und
Tod. Den Jahresrhythmus durch die Jahreszeiten,
den Tages- und Nachtrhythmus usw. Rhythmen beeinflussen uns mehr als wir sie oftmals wahrnehmen. Sie geben uns zudem Struktur und eine Ori-
entierung im Alltag. Auch im Sport spielt der
Rhythmus eine zentrale Rolle, gerade in den Ausdauersportarten. Um eine Belastung möglichst
lange, also ausdauernd, konstant aufrecht erhalten
zu können, ist ein gewisser Rhythmus unumgäng-
lich. Gerade Anfänger sind noch nicht geübt darin
einen gleichmäßigen Rhythmus zu finden. Aber

auch Personen, die schon länger Sport betreiben, vernachlässigen diesen Aspekt im Allgemeinen und wundern sich, wenn sie zum Beispiel trotz Training immer leitungsunfähiger (Stichwort: Übertraining) werden. Ganz besonders die Regeneration spielt bei der Trainingsgestaltung eine wichtige Rolle, denn nur durch sie erhalten wir einen Leistungszuwachs, einen positiven Gesundheitseffekt für Körper und Geist. Die Regeneration ist ein wichtiges Thema und es gibt zahlreiche Fachbücher, die diese hinreichend und gut thematisieren. Ich beziehe mich hier in erster Linie auf den Rhythmus während der Belastung. Dieser hat im Rennradsport eine zentrale Stellung. Wenn ich nicht will, dass mir „die Beine aufgehen" oder „ich explodiere", wie man in Radfahrerkreisen sagt, dann muss ich lernen, stets, zu jeder Zeit, bei unterschiedlicher Belastung, einen Rhythmus zu finden. Eine konstante Trittfrequenz, die mir erlaubt möglichst lange zu treten, ohne einzubrechen. Denn, wenn man den eigenen

Motor einmal überdreht hat, dann war es das, dann steht man da, völlig erledigt und leer. Ich habe schon mit unzähligen Leuten Ausfahrten unternommen und es gibt welche, die meinen jede Trainingsrunde noch etwas schneller fahren zu müssen als die Letzte. Oder jene, die nur Vollgas und Einbrechen kennen. Das ist völlig bekloppt und auch nicht gesund. Wenn man diesen Sport nicht professionell betreibt und nicht gerade sein Geld damit verdient, dann ist es eigentlich egal, wie schnell man seine Trainingsrunde fährt. Es sollte eigentlich um das Fahren an sich gehen und nicht um irgendwelche Bestzeiten, die keinen wirklich interessieren, außer vielleicht das eigene Ego. Natürlich kann man sich hin und wieder auch mal selber herausfordern, sich ordentlich „aus dem Leben fahren", aber das sollte nicht bei jeder Ausfahrt bzw. allzu oft der Fall sein. Die Schönheit des Sports an sich zu zelebrieren und sich mit seiner eigenen Beschaffenheit auseinanderzusetzen, das ist es, worum es

Hobbyfahrern gehen sollte. Auch der kranke Ehrgeiz, dem man immer wieder bei Jedermann- bzw. Jederfrau-Rennen begegnet, ist mehr als fragwürdig. Zwischen sich selbst zu *pushen* und an seine eigenen Grenzen gehen und andere rücksichtslos in Gefahr zu bringen, ist ein großer Unterschied!

Die zentrale Frage, die sich nun stellt, ist: Wie findet man diesen besagten Rhythmus eigentlich? Nun, dafür gibt es keine Formel bzw. keine allgemeingültige Aussage. Es gibt natürlich Möglichkeiten der Leistungsdiagnostik, mit deren Hilfe man seine Leistungsschwellen genau ermitteln lassen kann und daran ist auch nichts auszusetzen (kostet aber). Was aber im Hobbybereich eigentlich ausreicht, ist gesunder Menschenverstand und das Wahrnehmen und Ernstnehmen der eigenen Körpersignale. Ein Medizincheck beim Hausarzt, ob die „Pumpe" soweit in Ordnung ist, und eine Pulsuhr zur Überwachung der Herzfrequenz sind nicht verkehrt, aber noch wichtiger ist das Hineinhören in sich selbst. Wenn es mir am Berg oder beim „Ballern" in der Ebene schlecht geht, mein Herz mir aus dem Hals springen will und ich vielleicht sogar schon einen Blutgeschmack im Munde habe, dann bin ich wohl einfach zu schnell unterwegs. Rennradfahren tut manchmal weh, ja, dazu komme ich später noch ausführlich, aber es sollte sich dennoch machbar anfühlen und einen nicht umbringen. Wenn ich den idealen Rhythmus, ob in der Ebene oder am Berg, beschreiben müsste, dann am ehesten so: Er fühlt sich fordernd an. Ich komme ins Schwitzen, dennoch habe ich das Gefühl, dass meine Beine ihn über einen längeren Zeitraum gleichmäßig treten können und ich nicht gleich harte Oberschenkel bekomme. Das Herz schlägt spürbar schneller, aber es will mir nicht die Brust zerreißen. Je länger ich ihn fahre, umso mehr fühlt er sich gut an, auch, wenn ich eine leicht ansteigende Erschöpfung wahrnehme. Ja, so würde ich ihn beschreiben, den idealen Rhythmus. Man findet ihn nicht von heute auf morgen, manchmal verliert man ihn sogar wieder, zum Beispiel nach einer längeren Pause. Er entsteht aus Erfahrungswerten, die man bei jeder Ausfahrt sammelt. Es ist eine ständige Suche, ein ständiger Prozess, der das Fahren nie langweilig werden lässt. Sich in einem Rhythmus bewegen bzw. einem Rhythmus folgen zu können hat etwas Wohltuendes. Ich glaube, es hat mit unserer Entstehungsgeschichte zu tun. Bereits vor unserer Geburt hören wir den Herzschlag der Mutter im Mutterleib. Ein wohltuender, gleichmäßiger Klang, der uns Geborgenheit und Sicherheit gibt. Genauso wie wir uns den Rhythmen der Musik nicht entziehen können, die eine starke Wirkung auf unser Gemüt haben, so sind die Rhythmen der Bewegung ebenfalls ein starker Antrieb, der unser Seelenleben enorm positiv beeinflussen kann.

Was ich damit sagen will, wer im Leben nach Rhythmen sucht bzw. sich ihnen hingibt, der wird zufriedener seine Tage erleben. Wir mögen zwar die Abwechslung und manchmal sogar das Chaos, doch auf Dauer ist der Rhythmus unser Halt, unser Takt, der uns in Einklang mit uns selbst bringt.

200 Meter vor mir sehe ich ihn. Einen Leidensgenossen, der, wie ich, den langen Berg hochstrampelt. Er fährt flüssig, das kann ich sehen, ich aber auch. Der Abstand bleibt konstant. Kann ich zu ihm aufschließen? Ich erhöhe langsam das Tempo. Nur nicht zu schnell angehen, sonst war es das. Ich schließe langsam auf. Der Rhythmus fühlt sich immer noch gut an, die Belastung ist höher, aber weiterhin machbar. Ich komme näher und näher. In ca. zwei Kilometern werden wir den Gipfel erreicht haben. Nun bin ich an seinem Hinterrad. Er hat mich registriert, auch, wenn er sich nicht umdreht, das

spüre ich. Langsam zieht er das Tempo an und signalisiert so, dass es mit ihm keine Kooperation geben wird. Geh ich mit? Attackiere ich vielleicht sogar drüber? Nein, seine Tempoverschärfung ist zu kraftvoll für mich. Schließlich sehe ich ein, dass es keinen Sinn macht da mitzugehen. Also lasse ich ihn ziehen und bleibe in meinem Rhythmus. Heute werde ich dieses kleine Kräftemessen nicht gewinnen, aber darum geht es auch nicht. Ich muss bei mir bleiben und nicht einem fremden Eifer hinterherjagen. Denn nichts ist schlimmer, als seinen eigenen Rhythmus zu verlieren und ein Getriebener, eine Getriebene zu sein.

VI.   Schönheit der Erschöpfung

Als Jan Ullrich bei der Tour de France 1997, die er später gewann, eine Schwächephase hatte, schrie ihm sein Edelhelfer Udo Bölts den mittlerweile schon legendären Satz zu: „Quäl dich, du Sau!".
Dieser Ausruf ist seitdem in das Bewusstsein aller Straßenradsportler*innen eingegangen. Wie oft habe ich ihn schon bei Trainingsausfahrten gehört oder ihn mir selber bzw. anderen zugerufen. Es ist kein Zufall, dass dieser Satz so eine Popularität erlangt hat. Denn er steht für etwas, was diesen Sport so sehr ausmacht. Die Leidensfähigkeit von Radsportlern ist enorm. Die Profis machen es uns vor.
So viele Stürze müssen sie pro Saison miterleben oder erleiden. Meistens stehen sie wieder auf, setzen sich aufs Rad und fahren mit blutenden Knien oder Ellenbogen doch noch ins Ziel. Einige beenden Etappen oder holen sogar Siege mit gebrochenen

Knochen oder ausgekugelten Gelenken. Dies ist natürlich nichts, was man einem Hobbyradfahrer empfehlen sollte, aber es zeigt die Leidensfähigkeit dieser Vollprofis und die Einstellung in diesem Sport. Der ehemalige Radprofi Thomas Dekker beschreibt es so: „Man muss leiden wollen, seine Schmerzen verschieben, man muss bereit sein sich selbst in Grund und Boden zu fahren." Auch wenn Hobbyfahrer*innen nie in diesen Grenzbereich vorstoßen, so ist dennoch die Einstellung zu einer gewissen Leidensfähigkeit durch alle Leistungsklassen gegeben. Der Rennradsport ist eben eine Disziplin, die große Trainingsumfänge erfordert und vor keiner Straße, egal wie steil und lang sie auch sein mag, haltmacht. Ausfahrten von fünf Stunden mit 100 oder 200 km sind selbst im Amateurbereich keine Seltenheit. Doch egal wie gut man seinen Rhythmus fährt, Schmerz und Erschöpfung annehmen zu wollen liegt in der DNA dieses Sports. Das Besondere an diesem „Leid" ist jedoch, dass man sich dieses selber auferlegt. Es ist ein gewolltes Leiden und damit nicht mit dem Leid vergleichbar, das von außen oder durch ungewollte körperliche Probleme ausgelöst wird. Diese, wie ich sie nenne, Schönheit der Erschöpfung erwächst zu einer herausfordernden Leidenstoleranz gegenüber dem eigenen Körper bzw. der eigenen Psyche. Stellt man sich bewusst dieser Herausforderung, so lernt man auch mit dem negativen Leid besser umzugehen und wird dadurch resilienter.

Im Gegensatz dazu stehen die Ansprüche unserer heutigen Gesellschaft. Es geht mehr und mehr darum, es uns so komfortabel wie möglich zu machen. Die Bedienfreundlichkeit von technischen Geräten hat in den letzten Jahrzenten revolutionär zugenommen. Wie schwer bzw. umständlich war es noch im Vergleich dazu in den 90er Jahren z.B. ein Computer-Betriebssystem einzurichten oder

Kurznachrichten zu übertragen. Heute ist es selbstverständlich, dass man so gut wie alles ganz bequem von Zuhause aus bestellen, verschicken oder streamen kann. Den Konsument*innen es so leicht wie möglich zu machen, ist das Gebot der Stunde. So angenehm diese Entwicklung erscheinen mag, sie hat auch ihre Schattenseiten. Bewegungsmangel, damit verbunden oft Übergewicht, und weitere Erkrankungen nehmen immer mehr zu. Die Bereitschaft sich für ein Ziel anstrengen zu wollen bzw. zu müssen ist bei vielen nicht mehr gegeben. Frustrationstoleranz, Resilienz, Geduld oder auch Wille fallen dieser Entwicklung zum Opfer. Viele Menschen werden dadurch gereizter, egoistischer, überdrüssiger und schlecht gelaunter. Wenn uns zudem immer mehr Bemühungen und Entscheidungen abgenommen werden, dann führt das am Ende sogar zu der Frage: Wer entscheidet über unsere Bedürfnisse oder Ziele? Wir oder die Algorithmen?

Auch wenn das Rennrad in den letzten Jahrzehnten ebenfalls eine unglaubliche technische Entwicklung vorgenommen hat, so sind die Ansprüche an den Fahrer bzw. die Fahrerin gleichgeblieben. Es gibt zwar mittlerweile auch Elektro-Rennräder, aber wer verstanden hat, worum es in diesem Sport geht, für den ist das keine Option. Rennradfahren ist der krasse Gegensatz zur Bequemlichkeit. Am Anfang schmerzen Hintern, Rücken und Nacken. Es braucht Zeit um sich an die ungewohnte Sitzposition zu gewöhnen. Mein Nachbar sagte mal, als er meinen dünnen und harten Sattel sah: „Das kann doch nicht bequem sein. Bist du Masochist?" Als ich ihm dann noch entgegnete, dass ich mich jetzt drei Stunden auf die ihm auch bekannten Straßen hoch und runter quälen werde, schaute er mich nur noch mehr verwundert und verständnislos an. Für Außenstehende müssen wir wirklich verrückt sein und ich verstehe das absolut. Vielleicht sind wir sogar ein bisschen stolz darauf etwas zu tun, das aus der Norm fällt, das nicht alltäglich ist. Ein bewundernder Blick, wenn man eine schier unüberwindbare Straße hinauffährt, ist wie ein Ritterschlag für das eigene Bestreben. Man fühlt sich mächtig und unbesiegbar. Diese Haltung zu leben ist eine besondere Erfahrung und prägt die eigene Einstellung zu vielen Dingen enorm. Selbstgesteckte Mühen zu ertragen, sie zu überwinden, es durchzuziehen, egal wie hart es gerade ist (zu dem Aspekt Grenzerfahrungen komme ich zu einem späteren Zeitpunkt), macht einen stärker, aber auch demütiger vor sich selbst. Es spiegelt einem, wie verletzbar das eigene Dasein wiederum ist. Man fühlt sich klein, aber auf eine positive Weise: *Nimm dich nicht zu wichtig, was bist du schon, umgeben von den Naturgewalten, die dich fordern.* Die Straße wirft einen sehr schnell auf sich selbst zurück. In dieser Einsamkeit ist kein Platz für Überheblichkeit und Wichtigtuerei. Man bekommt recht schnell eine Antwort auf das wahre eigene Ich. Wir Menschen neigen dazu die Welt beherrschen zu wollen, sehen uns an der Spitze jeder Evolution. Aber das ist ein Irrtum. Wir sind nur ein Moment in den Jahrmilliarden der Geschichte. Neben der äußeren Erfahrung der eigenen Verletzbarkeit kommt noch eine innere hinzu. Sich, wie ich es nenne, *leer zu fahren* zeigt einem die eigenen Möglichkeiten und Grenzen auf. Man gelangt zu einer sehr intensiven Auseinandersetzung mit der eigenen Physis und Mentalität. Durch das bereits erwähnte Freiheitsgefühl, die vielfältige Sinneswahrnehmung, die Fokussierung, das Rhythmusgefühl und die eintretende körperliche Beanspruchung gelangt man in eine Art Transzustand, in dem man zwar alles wahrnimmt und doch zugleich ganz bei sich ist. Ein wundervoller Zustand, in dem man sich unfassbar lebendig fühlt. Lebendig im Hier und Jetzt. Eine wesentliche, ja schon fast philosophische Erkenntnis, zu der ich in all den Stunden im Sattel gelangt bin, ist die, dass es im Kern unseres Daseins darum geht *sich selbst bewusst zu sein.* Damit ist kein Egoismus oder eine Art Ich-Zentriertheit gemeint. Es geht vielmehr darum den Materialismus, der uns so allgegenwärtig umgibt, die Gier nach Geld, nach Status und Anerkennung loszulassen und sich selbst zu spüren (manchmal auch in Gemeinschaft mit anderen) und damit komplett zufrieden zu sein. Tiefe Zufriedenheit in dem eigenen Erleben der bloßen Existenz, der körperlichen Fähigkeit, des mentalen Bewusstseins. Rad und Ausrüstung sind nur Mittel zum Zweck, nicht der Zweck an sich. An Nichts festhalten, nur den Moment wertschätzen, das ist für mich der Schlüssel zu einem erfüllten und gelassenen Leben. Daher betrachte ich das Rennradfahren als viel mehr denn nur einen Sport. Es ist eine gewisse Lebenseinstellung bzw. Lebenshaltung, die durch das stundenlange Fahren von tausenden Kilometern im Jahr angenommen und verinnerlicht wird. Die meisten Sportarten, von denen auch ich einige betrieben habe, wie Basketball oder Fußball, zelebrieren in erster Linie die Schönheit der Bewegung, der Technik und des Kampfgeistes. Aber haben Sie schon mal gehört, dass sich jemand bei den genannten Ballsportarten freiwillig quält bzw. das Leid sucht? Wohl eher nicht. Damit möchte ich diese Sportarten nicht schlechtreden, sie sind wunderbar und machen großen Spaß. Aber das ist eben der zentrale Punkt: Es geht überwiegend um die Freude an der Bewegung und dem Spielgerät. Diese Freude lebt der Rennradsport auch aus, aber eben auch die andere „dunkle" Seite, wodurch alle Facetten des Lebens spürbar werden. Denn wer nur Freude bzw. Glück im Leben sucht, wird es schwer haben.

Die Beine werden langsam schwer, der Nacken fühlt sich ein wenig verkrampft an, doch ich trete weiter. Wieder dieser Berg, so oft bin ich ihn schon hinaufgefahren. Er wird mir auch dieses Mal gewaltig wehtun, mich fordern, mir einiges abverlangen, und doch stelle ich mich ihm immer wieder. Kurz gehen mir die Worte meines Nachbarn durch den Kopf: *Bin ich vielleicht wirklich ein Masochist? Stimmt mit mir irgendwas nicht?* Doch als ich wenig später oben ankomme, lösen sich diese Fragen auf. Wiedermal geschafft. Ich danke meinen Beinen und dem Rest meines Kadavers, dass er mir diese Freude bereitet hat. Ich würde mich freuen, wenn er mir noch ein paar Jährchen die Treue halten würde. Zuhause angekommen lege ich meine müde Existenz auf die Couch. Eine wohltuende Schwere legt sich auf mich nieder. Ich fühle mich erschöpft und doch kraftvoll zugleich. Da ist es wieder, das Gefühl, die Erkenntnis, warum ich es immer wieder tue. Ein wundervolles Gefühl sich selbst gefordert und den Körper intensiv bewegt zu haben. Ich koste diese Empfindung aus, horche in die müden Beine hinein, in das leichte Brennen in meiner Lunge. Der

Leib ist aufgebracht, hellwach, elektrisiert von der Leistung, die er über die letzten Stunden erbracht hat. Ich verspüre, als würde er zu meiner Seele sprechen, ihr die Eindrücke übermitteln: *Was hat er da wieder mit uns gemacht, dieser Narr. Er gibt uns keinen Frieden, immer wieder muss er uns so quälen, aber zugegeben, wie wohltuend diese Erschöpfung doch ist.*

VII.   Im Windschatten der Gemeinschaft

Rennradfahrer sind spezielle Menschen und der Rennradsport ist es ebenfalls. Eigentlich ist er ein Teamsport und doch gewinnt am Ende nur eine bzw. nur einer. Gerade bei den Profirennen kann man diese Ambivalenzen immer wieder beobachten. Da ist das Team, bestehend aus einer Kapitänin und ihren Helferinnen. Sie arbeiten zusammen für den Erfolg, doch am Ende wird nur eine oben stehen und den Ruhm einheimsen. Die anderen arbeiten genauso hart für den Erfolg und müssen doch zurückstecken. Oder in einer Ausreißergruppe, bestehend aus Fahrer*innen verschiedener Teams. Sie wissen, dass sie nur eine Chance auf den Sieg haben und vor dem Hauptfeld ins Ziel kommen können, wenn sie zusammenarbeiten und sich gegenseitig immer wieder Windschatten geben. Also gründen sie eine Allianz auf Zeit, bis auf wenige hundert Meter vor dem Ziel. Dann ist es mit der Gemeinschaft vorbei und jeder bzw. jede wird zum Einzelkämpfer. Aus Konkurrenten werden Verbündete und aus Verbündeten wieder Konkurrenten. Somit findet der Sport auf zwei mentalen Ebenen statt, die jederzeit wechseln können. Wenn man sich mit Gleichgesinnten zu einer Feierabendrunde verabredet oder gemeinsame Trainingsausfahrten unternimmt, dann findet das eigentlich immer in einem Gemeinschaftsgefühl statt. Man hält sich gegenseitig aus dem Wind, gibt sich Signale über Gefahrensituationen und versucht alle in der Gruppe mitzunehmen und niemanden allein im Wind stehen zu lassen.

In seinem Roman „Ventoux" beschreibt Bert Wagendorp diese Szenerie so herrlich bildhaft: *Vier Männer beim Windschattenfahren. Nirgendwo ist das Gefühl der Freundschaft und Loyalität stärker als in so einer Gruppe von Rennradfahrern. Man achtet aufeinander, der Stärkste macht die Führungsarbeit, oder man wechselt sich ab. Beim Überholen eine kurze Berührung am Rücken wie eine Liebkosung. Man spürt, wie alle sich konzentrieren, wie sie versuchen, ein einziger Rad fahrender Organismus zu werden, ein Körper, ein Geist.* Dieses Gemeinschafsgefühl ist wiederum eine ganz eigene Facette und macht das Rennradfahren auf eine ganz andere Art erlebbar. Dichtauf, mit nur wenigen Zentimetern Abstand einem Hinterrad zu folgen, kann ein tolles Gefühl sein. Es hat viel mit Vertrauen und Kollegialität zu tun. Man befindet sich in einer Art Blindflug, vertraut dem Vordermann bzw. der Vorderfrau, dass er bzw. sie schon die richtige Fahrlinie finden wird und kann sich körperlich und mental für einen Augenblick erholen. Der Unterschied, ob man allein gegen den Wind tritt oder zehn Leute vor einem fahren, ist gigantisch. Das Rennradfahren ist vielleicht der einzige Sport, bei dem die Gemeinschaft einen so großen Unterschied ausmacht und einem eine so große Unterstützung beschert. Natürlich ist auch die mentale Unterstützung durch die Mitstreiter ein wesentlicher Pluspunkt und *pusht* die Teilnehmer gegenseitig zu höheren Leistungen und damit zu immer mehr Erfolgen. Aber da ist auch immer die andere Seite, der Eigensinn. Natürlich möchte man den

Ortsschildsprint gegen seine Kamerad*innen gewinnen, als Erster bzw. Erste am Berg oben ankommen. Das Sich-Messen ist auch ein wesentlicher Bestandteil, sei es aus Spaß am Wettkampf oder um sich seiner Stärke (aber auch Schwäche) immer wieder bewusst zu werden. Auch wir Hobbyradsportler*innen sind oftmals Einzelgänger auf unserem Rad, die Allianzen auf Zeit schließen. Wir können nicht mit den und nicht ohne die Anderen.

Ein fremder Freilauf surrt auf hinter mir: *Ok Kollege, was ist dein Plan? Willst du mich stehen lassen oder teilen wir uns den Gegenwind für eine Zeit?* Mit einem beherzten Antritt fährt der Fremde an mir vorbei. Ich schalte zwei Gänge härter und setze ihm nach: *Na wenn du mich schon überholst, dann zeig was du kannst, ich bleibe schön hinter dir.* Sein Tritt ist rund und kraftvoll, aber ich kann sein Hinterrad mühelos halten. Sein Windschatten spart mir Kräfte, ich kann dem

Schauspiel ruhig zusehen. Nach einer Weile wird sein Tritt schwergängiger und er etwas langsamer. Er kann wohl nicht mehr, denke ich mir, er hat sich übernommen. Das ist der Moment der Entscheidung. Überhole ich mit einer Attacke, reiße eine Lücke und zeige ihm, dass ich stärker bin? Aber Vorsicht. Was ist, wenn er nachsetzen kann, sich in meinen Windschatten begibt und mich das hohe Tempo im Wind treten lässt? Ich kann nicht direkt die Geschwindigkeit wieder rausnehmen. Das wäre ein Bluff, eine lächerliche Aktion, die mich entlarven würde. Oder ich überhole ihn gerade so, dass er an meinem Hinterrad bleiben kann. Dann wird er wissen, dass ich bereit bin mit ihm zusammen zu arbeiten. Geteiltes Leid ist ja bekanntlich halbes Leid. Also biete ich ihm diese Option an und ja, er bleibt an meinem Hinterrad, er attackiert nicht drüber. Zwei Fremde, die bereit sind von jetzt auf gleich eine Allianz zu bilden, gemeinsam ein Stück der Leidenschaft zu teilen. Irgendwann kommen wir ins Gespräch. Fachsimpeln über die letzten Klassikerrennen der Profis und wer wen für den besten Fahrer der neuen Generation der jungen Wilden hält. Ich bin für Tadej, er für Remco. Irgendwann werden die Sätze einsilbiger. Es ist Zeit. Die Allianz bröckelt. Bald erreichen wir das Ortsschild unserer Heimatstadt. Rennradsportler wissen, was das bedeutet. Wir haben beide den gleichen Gedanken, ohne dass wir darüber sprechen. Ich setze mich leicht vor ihn und lasse eine Lücke entstehen. Gerade so groß, dass er sie noch mühelos zufahren oder mich überholen könnte. Aber ich halte sie konstant und er weiß, was zu tun ist. Explosionsartig tritt er an, kommt auf meine Höhe, aber ich habe damit gerechnet. Heute nicht, mein Freund, heute habe ich gute Beine, heute gehört der Sieg Tadej!

VIII.   Ehrensache und herrlicher Unfug

Trotz aller Rivalitäten ist der Rennradsport ein Sport mit Haltung und Anstand. So sollte er zumindest ausgeübt werden, auch wenn es leider nicht immer der Fall ist. So gibt es unter uns Rennradsportler*innen gewisse ungeschriebene Gesetze, die wir uns teils aus Respekt, teils aber auch aus purer Verschrobenheit auferlegen. Im Folgenden eine Zusammenstellung der wichtigsten Regeln und Besonderheiten, die dem Rennradsport eigen sind.

Eine der wichtigsten Benimmregeln ist: Rennradfahrer*innen grüßen sich. Ein leichtes Nicken mit dem Kopf, eine kleine Handbewegung zum Gruß, Ehrensache. Es macht mich wahnsinnig, wenn Leute nicht zurückgrüßen. Dann denke ich mir immer: *Such dir doch eine andere Sportart!* Vielleicht übertreibe ich ein wenig, aber diese Höflichkeitsform ist mir nun mal sehr wichtig. Damit zeige ich Respekt vor jedem Fahrer und jeder Fahrerin, die diesen harten Sport ausübt. Leute, grüßt, es kostet nichts!

Wenn man am Straßenrand einen Fahrer bzw. eine Fahrerin mit einem Defekt sichtet, dann gehört es sich anzuhalten und zu fragen, ob Hilfe benötigt wird. Ein platter Reifen ist, bei den tausenden von Kilometern im Jahr, mehrmals sehr wahrscheinlich. Und nicht immer denkt man an einen Ersatz- schlauch oder man hat die Radpumpe vergessen. Wie beruhigend wäre es da doch zu wissen, dass man sich in einer entfernten Gemeinschaft aufge- hoben fühlt und Hilfe erfährt.

Rennradfahrer*innen haben untereinander be- stimmte Signale bzw. Zeichen, die das Fahren si- cherer machen sollen, erst recht in der Gruppe. Neulingen sind diese Hinweise noch fremd oder nicht bekannt. Sie sind aber sehr wichtig und soll- ten nach einer gewissen Zeit allen Rennradler*in- nen in Fleisch und Blut übergegangen sein. Wenn ein Fahrer bzw. eine Fahrerin hinterm Rücken die Hand nach links oder rechts schwenkt, dann bedeutet das, dass man nach links bzw. rechts ausweichen sollte, weil vielleicht jemand überholt werden muss oder ein Hindernis die Straße verengt. Wenn der bzw. die vorausfahrende Fahrer*in den linken oder rechten Ellenbogen rausstellt, dann möchte er von der Seite überholt werden, weil er vielleicht für die Führungsarbeit nicht mehr genug Kraft hat. Der Ausruf *Gegen!* bedeutet immer Gegenverkehr, also schön hintereinander einreihen. Zeigt der bzw. die führende Fahrer*in mit dem linken oder rechten Zeigefinger auf den Boden, dann bedeutet dies, dass da etwas auf der Straße liegt oder ein besonders großes Schlagloch zur Gefahr werden kann. Macht er oder sie hingegen mit der flachen Hand nach unten eine winkende Bewegung, dann ist an der Stelle der Straßenbelag besonders uneben oder mehrere Schlaglöcher reihen sich aneinander. Auch Dreck auf der Straße wird mit der gleichen

Handbewegung signalisiert. Zeigt er bzw. sie über Kopf mit den Fingern nach unten, so sind z.B. Poller oder andere Hindernisse im Weg, die auf der Fahrbahn stehen. Das Winken mit dem Zeigefinger von links nach rechts über Kopf signalisiert, dass die Fahrbahn durch eine Verkehrsinsel geteilt ist. Hebt der bzw. die vorausfahrende Fahrer*in hingegen seine oder ihre flache Hand in die Luft, dann nicht, um die entgegenkommenden Radler zu grüßen, sondern um darauf hinzuweisen, dass das Tempo deutlich gesenkt oder gar angehalten werden muss, weil eine rote Ampel kommt bzw. die Straße eine deutliche Sicherheitsgefahr für einen selbst oder andere darstellt. Das Anzeigen mit dem Arm nach links oder rechts weist natürlich darauf hin, dass in diese Richtung abgebogen wird. Wer diese Grundhinweise beherrscht und anwendet, leistet einen großen Beitrag zu einer allgemeinen Sicherheit beim Radfahren und zeigt zudem, dass er bzw. sie diesen Sport professionell betreibt. Wenn ein

Fahrer bzw. eine Fahrerin sich mir gegenüber so verhält, dann steigt er bzw. sie direkt in meinem Ansehen. Ich weiß, dass ich es mit jemandem zu tun habe, der bzw. die diesen Sport mit Stil lebt und ich fühle mich ihm bzw. ihr direkt verbunden.

Wie ich bereits geschrieben habe, ist Windschatten eine nette Sache. Aber da gibt es jene Personen, die nicht genug davon bekommen können. Die sogenannten „Lutscher". Wenn ich bei jemandem im Windschatten fahre, dann sollte ich ihn irgendwann ablösen, mich vor ihm einreihen und meinen Teil der Arbeit leisten. Will ich das nicht oder kann ich es nicht, dann ziehe ich beherzt vorbei und rase davon oder lasse mich zurückfallen. Lutscher genießen kein gutes Ansehen. Ihr werdet nie dazu gehören, wenn ihr es nicht lasst. Punkt.

Das Gleiche gilt für das sogenannte „Stechen". Entweder wir fahren hintereinander, aus den bereits erwähnten guten Gründen, oder nebeneinander in

Zweierreihe auf gleicher Höhe, um die heißesten Neuigkeiten auszutauschen. Aber sein Vorderrad immer leicht nach vorne zu schieben, gegenüber dem Nebenmann oder der Nebenfrau, ist äußerst nervig. Es macht die Fahrt unrhythmisch und man weiß nie, was man von dem Nebenmann bzw. der Nebenfrau halten soll. Freund oder Feind? In der Regel bekommt man dann einen Rüffel.

Es gibt im Alltag sicherlich wichtigere Kleidungsstücke als Socken, aber nicht beim Rennradsport. Weiß, schwarz oder bunt lautet hier die Grundsatzfrage. Die klare Antwort lautet: Weiß! Aber im Winter darf es doch auch mal schwarz sein oder? Und die Profis mancher Mannschaft haben doch so lustige bunte an. Diese Diskussion wird wohl niemals enden. Aber warum auch, solche Meinungsverschiedenheiten sind doch herrlicher Unfug.

So verhält es sich auch mit dem Beinkleid: rasiert oder unrasiert? Während es für die Damen kein großes Thema ist, erhitzen sich bei uns Männern die Gemüter. Die Profis machen dies aus einem guten Grund. Bei den zahlreichen Stürzen in der Saison ist es wirklich schmerzhaft und infektanfällig, wenn Haare in einer Wunde verkleben. Zudem werden die Beine der Männer und Frauen aus der Eliteklasse regelmäßig massiert, was mit Haaren auch durchaus schmerzhaft sein kann. Aber bei uns Hobbyradlern? Ich wäre froh, wenn mich einmal in Jahr jemand massieren würde und Stürze sind jetzt auch nicht an der Tagesordnung. Aber wie schön doch so ein frisch rasiertes Bein aussieht. Wie die Wade im Sonnenlicht glänzt und die Muskelfasern zur Geltung kommen. Wir sind uns dessen bewusst, dass wir Normalos theoretisch darauf verzichten könnten. Aber wenn unsere Beine schon die Wattzahlen der Giganten der Straße nicht treten können, so wollen wir doch, dass sie wenigstens ein bisschen so aussehen. Auch nur der eigene Anblick nach unten kann einen schon schneller und kraftvoller machen. Es ist eben alles Kopfsache. Ich gebe zu, meiner Frau gefällt es überhaupt nicht. Aber ich bereite sie schon zum Ende des Winters behutsam auf das Unvermeidliche vor und erdulde dann im Sommer ihre kritischen Blicke. Auch die Karte „Gleichberechtigung" zieht da leider nicht. Ich verströste sie dann, dass ich ab November wieder zum Mann werde und erfreue mich an der glatten Haut, die mich gefühlt 2 km/h schneller fahren lässt. Träume eines kleinen Mannes eben.

Wir Rennradfahrer*innen sind sehr versessen, was unser Material betrifft. Da wird schon mal gerne stundenlang über die richtige Reifenwahl oder Antriebsvarianten diskutiert. Was aber ein absolutes *no-go* ist: mit einem dreckigen Rad zu fahren. Damit meine ich nicht den frischen Schmutz bei einer regnerischen Ausfahrt, sondern den wochenlangen Dreck, der sich schon scheinbar in den Rahmen reinfrisst. Wenn dann auch noch der Antrieb quietscht wie ein Scheunentor, dann ist das nur schwer zu ertragen. Es ist einem peinlich mit so jemandem gesehen bzw. in Verbindung gebracht zu werden. Jeder Rennradler und jede Rennradlerin, der bzw. die was auf sich hält, fährt mit einem picobello sauberen Veloziped. Da gibt es keine Kompromisse.

Mit Sicherheit gibt es noch mehr ehrenvolle Verhaltensweisen und Eigenarten des Rennradsports, die hier nicht erwähnt wurden, aber ich erhebe keinen Anspruch auf Vollständigkeit. Ich könnte mir vorstellen, dass es in einzelnen Regionen oder Ländern ungeschriebene Gesetze gibt, die mir weder bekannt noch verständlich sind, aber ich lerne immer gerne dazu. Es ist mir nur wichtig aufzuzeigen, dass wir Rennradfahrer gerne höflich, hilfsbereit und herrlich eitel sind, ohne jemanden dadurch zu gefährden: *Ich hab`schöne Beine, lass mich.*

Neben all der genannten belustigenden Verschrobenheit gibt es momentan eine Entwicklung, die
mich nicht so sehr erfreut: Der Rennradsport wird
immer teurer. Das liegt in erster Linie daran, dass
die Materialien aufwändiger produziert werden.
Das hat natürlich den Vorteil, dass sie dadurch besser werden: aerodynamischer, stabiler, atmungs-
aktiver, präziser usw. Der Nachteil wiederum liegt
darin, dass der Sport dadurch elitärer wird. Eine
gute Ausrüstung samt Bekleidung, Fahrrad und Zu-
behör kann da an die 5.000 bis 10.000 Euro reichen.
Mir missfällt nicht, dass Leute gerne viel Geld in ihr
Hobby investieren wollen, mir missfällt nur, wenn
sie daraus ein Statussymbol konstruieren. Was
mein ich damit? Gutes Material zu haben, das zu-
verlässig und sicher ist, ist eine gute Investition.
Übertrieben gutes Material zu haben, nur um es zu
zeigen, aber dafür nur wenig in den Beinen, da
sträuben sich bei mir die Nackenhaare. Ist es wirklich notwendig im Hobbybereich mit einem 10.000

Euro Rad durch die Gegend zu fahren? Bin ich wirklich in der Lage dieses Profimaterial auszureizen oder will ich einfach nur zeigen, dass ich mir das leisten kann? Mir missfällt das deswegen so sehr, weil dadurch oft der Anschein erweckt wird, dass man nur dazugehört, wenn man sich das leisten kann. Natürlich ticken nicht alle Rennradfahrer*innen so, ich würde sagen immer noch die Minderheit, doch der Trend geht in den letzten Jahren mehr in diese Richtung. Wir sollten den Rennradsport für alle Einkommensschichten offenhalten und niemanden ausschließen – wir sind ja schließlich keine Golfer*innen (Augenzwinker).

Einst fuhr ich meine angestammte Feierabendrunde lang, als ich am Straßenrad einen gestrandeten Leidensgenossen sah. Er hatte sichtlich mit einem technischen Problem zu kämpfen. Also hielt ich an, um mich nach seinem Problem zu erkundigen. Wie sich herausstellte, hatte er Probleme mit seiner Schaltung, die nicht mehr richtig funktionierte. Ich gab ihm mein Mini-Tool und bestand darauf, dass er es behalten könne, denn ich hätte es nicht mehr weit bis nach Hause, es sei eh ein Werbegeschenk und er habe noch einen längeren Weg vor sich als ich. Monate später stand ich am Straßenrad, weil meine Sattelklemme sich gelöst hatte und ich nicht weiterfahren konnte. Wie der Zufall es wollte, hatte ich diesmal kein Mini-Tool dabei. Zwei an mir vorbeifahrende Fahrer hatten ebenfalls kein Werkzeug dabei, aber der Dritte schon. Was dann kam, ahnen Sie sicherlich schon. Er hatte mein altes Mini-Tool dabei, aber es war ein anderer Kerl, der da anhielt. Ich schmunzelte und fragte ihn, woher er denn so ein schickes Mini-Tool hätte. Er sagte mir, dass ein anderer Kerl es ihm auf einer Ausfahrt gegeben hätte, als er ein Problem hatte. Ich sagte ihm, dass er es immer mit sich führen sollte, damit ihm nicht so ein Missgeschick passiere wie mir. Ich befestigte meine Sattelklemme und wir fuhren in entgegengesetzte Richtungen davon. Karma!

IX. Grenzgänge und „Straßenkämpfe"

Reden wir nicht drum herum. Der Rennradsport ist gefährlich und das aus vielerlei Hinsicht. Da ist zunächst natürlich das Rennrad an sich, das durch seine Bauart und sein geringes Gewicht hohe Geschwindigkeiten ermöglicht. Man muss lernen dieses Gefährt zu beherrschen: *Nein, du kannst nicht mal eben eine Runde in Jeanshose um den Block drehen, weißt du, was der Hobel kostet?! Um den abzubezahlen wirst du lange auf Jeanshosen verzichten müssen.* Hier kann man das Sprichwort „Hochmut kommt vor dem Fall" wirklich wörtlich nehmen. Wer das Rennrad nicht respektiert, wird sich böse wehtun. Es verzeiht so gut wie keine Fehler. Konzentration auf die Umgebung, das Fahrverhalten und die Wahrnehmung des Materials sind unverzichtbar.

Eine der spannendsten Erfahrungen, die man bei diesem Sport machen kann, ist die der Grenzerfahrung - sowohl was die Geschwindigkeit angeht, als auch die körperliche Belastung. Doch eine Grenze ist eine Grenze, ein Punkt, ab dem es meistens sehr heikel werden kann. Danach kommt nur noch das, was niemand wirklich erfahren möchte, eine Gefahr für Leib und Leben. Es ist spannend diese Grenze auszuloten, doch man sollte sie nicht überschreiten. Das ist der Kick, der Reiz, das Adrenalin, was einen *pusht* und doch nicht übermütig werden lassen darf. Der Radprofi Guillaume Martin formuliert es so: „Du hast Angst vor der Gefahr, aber du liebst sie auch." Wir wissen, dass wir uns in einer

Hochrisikosportart bewegen, aber gerade der offene Ausgang bei jeder Ausfahrt macht den Reiz aus. Wir leben auf dieser Welt in einer trügerischen Sicherheit und der Rennradsport zeigt einem jeden Tag aufs Neue, dass nichts sicher ist, dass man alles in den Moment legen muss – die Obhut und den Lebensreiz. Daraus ergibt sich eine tiefe Auseinandersetzung mit sich selbst, dem eigenen Körper, den Verlockungen und der eigenen Mäßigung: *Geh nah an die Grenze, aber überschreite sie lieber nicht. Sei achtsam und furchtlos, alles liegt in deiner Hand.* Wenn die Gefahr der Grenzüberschreitung immer gegeben ist, warum soll man dann überhaupt dieses Wagnis eingehen? Diese Frage ist berechtigt. Meine Antwort darauf lautet, damit man sich selber besser versteht, sich tiefer kennen und lieben lernt. Wer diese Erfahrungen macht, ist zudem demütiger vor dem Leben und dem Tod und „kämpft" mit sich und weniger gegen andere.

Sich mit 70-80 km/h in eine Abfahrt zu begeben grenzt tatsächlich an Wahnsinn. Wenn man in einem solchen Moment stürzt, dann verhält es sich so, als ob man bei gleicher Geschwindigkeit in T-Shirt und kurzer Hose aus dem Auto springen würde, so der Radprofi Mads Petersen. Schon mal versucht? Meistens wird uns Rennradfahrer*innen erst danach bewusst, was da gerade gelaufen ist und dass das Glück wieder einmal auf unserer Seite war. Doch bei reinem Glück sollte es nicht bleiben. Auch hohe Geschwindigkeiten verlangen eine kluge Abwägung, wenn man am nächsten Tag noch eine Ausfahrt erleben möchte. Ich spreche da gerne immer von den restlichen 10% Puffer, die einem bleiben sollten. Jede Kurve voll auszufahren, bis auf den letzten Zentimeter, sollte nur den Profis vorbehalten bleiben. Für uns Normalos spielt es keine Rolle, ob wir 30 Sekunden später unten ankommen. Eigene Fehler können natürlich immer passieren. Es wäre aber ziemlich dämlich, wenn sie aus eigenem Übermut passieren würden, das ist es definitiv nicht wert. Trotz aller Gefahren und Risiken ist eine Abfahrt mit solch einem Tempo ein unfassbares Erlebnis. Der Puls erhöht sich, obwohl man nicht sonderlich hart in die Pedale tritt, der ganze Körper ist unter Spannung, die Augen scannen den Asphalt und die Umgebung, absoluter Fokus in jeder Sekunde. Zwei Finger, jeweils auf einem Bremshebel. Vier Finger, vier Finger zwischen Euphorie und Schmerz.

Neben den eigenen Fehlern oder einfach unglücklichen Umständen (zur falschen Zeit am falschen Ort) sind es aber auch die der anderen Verkehrsteilnehmer, die einen in gefährliche Situationen bringen können – und das leider oft mutwillig. Jeder Rennradfahrer hat es sicherlich schon erlebt: Man wird von der Straße gedrängt, geschnitten, zu dicht überholt, angehupt oder beleidigt. Natürlich gibt es auch Radfahrer, die sich im Straßenverkehr falsch verhalten, das verurteile ich sehr. Sie tun uns keinen Gefallen damit, da wir eh das schwächere Glied sind und die Wut der Auto- oder Motorradfahrer sich dann auch auf die ablädt, die sich vernünftig verhalten. Und dennoch müssen wir ehrlich sein. Ich bin ebenfalls Autofahrer und ehemaliger Motorradfahrer. Wenn ich diese drei Verkehrsteilnehmer vergleiche, dann liegt es klar auf der Hand, dass das Fehlverhalten der Radfahrer deutlich in der Minderheit ist. Woran mache ich das fest? Ganz einfach. Eine Ausfahrt an einem beliebigen Nachmittag auf der Landstraße mit dem Fahrrad genügt, um eine eindeutige Statistik aufzustellen. Circa sieben von zehn Auto- oder Motorradfahrern überholen, meist mit überhöhter Geschwindigkeit, zu dicht, schneiden einen oder hupen, weil man ihnen nicht weit genug rechts fährt, obwohl dort oft die Fahrbahn bröckelt oder Schlaglöcher nicht ausgebessert werden. Sieben von zehn Radfahrern, die sich auf der Straße falsch benehmen? Noch nie erlebt! Die motorisierten Verkehrsteilnehmer gehen davon aus, dass die Straße in erster Linie ihnen gehört bzw. für sie gebaut wurde. Diese Annahme ist aber grundlegend falsch. Um den Slogan eines bekannten Tiefkühlkostlieferanten leicht verändert aufzugreifen muss es lauten: *Straßen sind für alle da*. Mobilität ist ein öffentliches Gut, Straßen sind ein öffentliches Gut, für alle Bürgerinnen und Bürger. Das ist keine individuelle Meinung, sondern Fakt. Wenn einige das nicht begreifen wollen oder können, dann verstehe ich nicht, warum sie nicht aus Eigennutz handeln, wenn ihnen schon das Leben und die körperliche Unversehrtheit ihrer Mitmenschen egal ist. Eigennutz? Ja! Wenn ich mit meinem Auto oder Motorrad einen Radfahrer anfahre oder zu Fall bringe, trage ich zumindest auch eine Teilschuld. Wenn wir nicht immer ganz außen rechts fahren, hat das einen triftigen Grund. Neben dem oft schlechten Zustand des Straßenbelags fühlen sich viele Autofahrer dazu eingeladen die mittlere Fahrbahnlinie dann erst recht nicht mehr zu überqueren, um weiträumig zu überholen. Somit müssen wir immer rechts einen „Sicherheitspuffer" lassen, um im Notfall auszuweichen und überleben zu können. Auch mögliche Seitenwinde müssen wir mit einkalkulieren, um auf beiden Seiten sicher auf der Straße fahren zu können. Autofahrer*innen bekommen das überhaupt nicht mit. Sie sind durch ihre „Stahlhülle" davon getrennt. Ich glaube, sie sind sich dessen oft überhaupt nicht bewusst, welche Gefahr sie für sich und die Rennradfahrer*innen eingehen, wenn sie so dicht überholen. Besonders fassungslos macht mich immer die Situation, wenn genug Platz vorhanden ist, kein Verkehrsmittel entgegenkommt, die Straße gut einsehbar ist und trotzdem viel zu dicht überholt wird. Das kann nur als Provokation verstanden werden. Warum?

Warum dieses Verhalten? Ich werde es nie verstehen. Ich würde mir wünschen, dass möglichst viele Drängler und Raser diese Innenansichten eines auf 28mm-Reifen fahrenden Verkehrsteilnehmers lesen würden, doch mir ist bewusst, dass dieses Buch nicht allzu oft in ihrem Warenkorb landen wird. Und somit werden die „Straßenkämpfe" weitergehen und die Statistiken der Fahrradunfälle mit PKWs, LKWs und Motorrädern in die Höhe steigen.

Ich fahre auf einen Kreisverkehr zu. Die Insel in der Mitte ist für LKWs abgesenkt. Von links fährt ein PKW heran. Ich fahre vor ihm in den Kreisverkehr, doch er schneidet unerlaubt die Insel und drängt mich zur Seite ab. Sein Fahrerfenster ist geöffnet, ich rufe ihm laut zu: „Hey, was soll das!" Er fährt vorbei, hält seinen linken Arm aus dem Fenster und zeigt mir den Mittelfinger. Einige Kilometer weiter überholt mich ein Auto mit überhöhter Geschwindigkeit viel zu dicht und spritzt mir Scheibenwasser ins Gesicht. Danke, ich dusche später…

Der Umgang in den letzten Jahren ist rauer geworden, das merkt man schon deutlich. Während man im fahrradverrückten Belgien oder auch in den Niederlanden als Radfahrer gefeiert bzw. positiv aufgenommen wird, gilt man bei uns in Deutschland als eine Behinderung im Straßenverkehr. Woran liegt das? Weil das Auto des Deutschen liebstes Kind ist? Vielleicht. Aber auch darüber hinaus beschleicht mich immer mehr das Gefühl, dass der Zusammenhalt in der Gesellschaft an vielen Stellen bröckelt. Immer mehr Menschen denken nur an sich selbst, an ihren Vorteil, an ihre Bedürfnisse. Eigene Fehler zuzugeben, anderen hilfsbereit entgegenzukommen ist zur Ausnahme geworden. Empathie und Rücksichtnahme werden seltener, der Ton schnell rau oder beleidigend. Auf der Straße wird dieses „neue Miteinander" besonders deutlich. Dabei wollen wir „Wölfe der Straße" nicht viel. Gebt uns die zwei Meter Sicherheitsabstand, überholt weiträumig, ohne zu drängeln und zu hupen und unsere Welt ist in Ordnung.

X.   Nichts als Betrug

Der Radsport, und gerade der Rennradsport, hat eine durchaus problematische Vergangenheit. Keine Sportart ist in den letzten Jahrzehnten so sehr mit Betrug, vor Allem durch Doping, in Verbindung gebracht worden. Jetzt werden Sie sich vielleicht fragen, was ein Hobbyfahrer dazu zu sagen hat bzw. warum dieses Thema hier überhaupt erwähnt wird. Ist es nicht nur etwas, das die Profis betrifft? In der Tat ist mir unter Hobbyfahrern noch nie zu Ohren gekommen, dass jemand unerlaubte Mittel zur Leistungssteigerung genommen hat oder Relaxate, um seine Erholung zu beschleunigen. Das soll nicht bedeuten, dass es auf dem Niveau nicht vielleicht Leute gibt, die gerne nachhelfen, mir ist aber sowas nie begegnet. In der Tat ist gerade das Doping eine Last des Berufsradsports. Schon der legendäre Fahrer Fausto Coppi sagte einmal: „Eine Tour de France gewinnt man nicht mit Mineralwasser." Die Geschichte des Dopings ist eine lange und ich habe mich während meines Sportstudiums sehr intensiv mit ihr auseinandergesetzt. Das ist aber nicht der Aspekt, den ich hier ansprechen möchte. Wenn man für seinen Sport brennt, sich so sehr mit ihm befasst, Bücher über Ereignisse und Fahrer liest, Statistiken verfolgt, Rennen analysiert und die Zusammenhänge und Hintergründe kennt und versteht, dann gibt es auch für einen Hobbyfahrer bzw. eine Hobbyfahrerin und Fan nichts Verletzenderes als eine plumpe und undifferenzierte Bemerkung einer außenstehenden Person nach dem Motto: *Die sind doch eh alle gedopt* oder *Na, haste heute schon was eingeschmissen?* Es macht mich regelrecht wütend und ich verkneife mir eine Antwort, weil ich weiß, dass es keinen Sinn macht mit jemandem darüber zu diskutieren, der oder die so wenig darüber weiß. Aber es ist mir eine Herzensangelegenheit es hier ein für alle Mal klarzustellen – und zwar aus der Sicht eines Fans.

Es war wirklich nicht leicht all die Skandale, all die Überführungen und Dopingbeichten zu ertragen. Zu oft sind Held*innen gefallen, die man so sehr bewunderte. Man hatte wenig Argumente dagegen und bis heute sind die Schlagzeilen bei vielen Leuten nicht in Vergessenheit geraten; der Festina-Skandal, die Dopingbeichte des Teams Telekom, das Interview mit Lance Armstrong bei Oprah Winfrey usw. Aber die meisten Leute haben auch ein

völlig verzerrtes Bild von Doping und seinen Aus-
wirkungen auf die Leistung. Zu dopen bedeutet
nicht, dass jeder Freizeitradler oder Hobbysportler
bei einem großen Radrennen gewinnen oder überhaupt mitfahren könnte. Doping holt nur die letzten Prozente raus, die natürlich auf dem Niveau
über Sieg und Niederlage entscheiden können.
Aber um überhaupt dabei sein zu können, muss
man sehr hart trainieren und viel dafür investieren.
Das ist ein Punkt, den viele missachten. Vor allem
diejenigen, die noch nie richtig Sport in ihrem Leben getrieben haben. Es ist mir wichtig das nochmal zu betonen: Profisportler*innen verdienen
Respekt für ihre Leistungen, weil sie sehr viel dafür
opfern. Fahren Sie mal 30.000 Trainings- und Renn-
kilometer mit dem Rad im Jahr, Doping hin oder
her. Natürlich ist das gigantisch, was die Frauen
und Männer da teilweise leisten, und gerade als
Hobbyfahrer*in, der bzw. die sich an den gleichen
Anstiegen messen bzw. ausprobieren kann, fragt

man sich, wie das möglich ist, so schnell da hoch zu fahren bzw. solche sportlichen Leistungen zu bringen. Gegenfrage: Haben Sie schon mal gegen Lionel Messi Fußball gespielt oder gegen Serena Williams Tennis? Wohl nicht. Ich möchte hier noch etwas mehr Aufklärungsarbeit leisten. Dabei ist mir wichtig, dass Sie nicht den Eindruck erhalten, als würde ich Doper*innen decken bzw. Doping für legitim halten. Ganz im Gegenteil. Aber man muss dieses Thema differenzierter betrachten. Es gibt überzeugte Betrüger*innen, die aus freien Stücken und vorsätzlich ihre Leistung illegal steigern. Diese gehören überführt und rechtskräftig bestraft. Aber ein Großteil von Sportler*innen, die diesen Fehler begangen haben oder begehen, tun dies auf Druck von außen. Sponsoren- und Teamforderungen oder das Bangen um Arbeitsverträge bzw. grundsätzliche Existenzängste lassen einige diesen Fehler begehen. Nicht zuletzt sind es auch wir, die Zuschauer, die ein Spektakel einfordern und die damit verbundenen Einschaltquoten in Funk und Fernsehen und auf Onlineplattformen generieren. Dem gegenüber steht auch noch der umfangreiche Trainingseinsatz über Jahre. Wie würden Sie in solch einer Situation handeln, wenn Alles auf dem Spiel stehen würde? Dann als Gesellschaft einfach nur mit dem Finger auf diese Leute zu zeigen ist zu einfach. Auch Spitzensportler sind Menschen mit Sorgen und Nöten. Auch, wenn einige ein enormes Salär für ihre Profession erhalten, so stehen sie doch unter einem immensen Druck die an sie gestellten Erwartungen zu erfüllen. Bedenken wir, dass es auch im „normalen" Arbeitsleben Leute gibt, die Medikamente missbrauchen, um leistungsfähig bzw. leitungsfähiger zu sein. Wo ist da der Aufschrei? Natürlich sind Spitzensportler*innen sichtbarer und mehr im Fokus der Öffentlichkeit. Ihre Fehler werden bewusster wahrgenommen. Doch das ändert nichts an der Doppelmoral an sich. Sport ist immer ein Abbild der Gesellschaft. *Es gibt nichts, was es nicht gibt*, wie ich zu sagen pflege.

Und damit kommen wir noch zu einem weiteren Punkt, der klargestellt werden sollte. In der gesellschaftlichen Wahrnehmung wird vor allem der Straßenradsport gerne als DER Sündenbock für Betrug genommen, natürlich aus den vorhin genannten Gründen der Vergangenheit. Doch auch das ist eine scheinheilige Position. Glauben Sie allen Ernstes, dass z.B. im „König Fußball" kein Betrug im Bereich der Leistungssteigerung stattfindet? Wer das annimmt, ist entweder ein Narr oder verfügt über eine sehr einfache Denkweise. Doch auch hier ist selten ein Aufschrei zu hören, wenn eine Mannschaft mal wieder über 90 Minuten ein Höllentempo auf den Rasen gelegt hat und die Spieler*innen schier unglaubliche Laufleistungen zeigen. Oder wenn Mannschaften, die auf höchstem Niveau performen, bis zu 80 Spiele in einer Saison absolvieren. Das kann alles ein Ergebnis harten Trainings und optimaler Trainingssteuerung sein, aber eben auch Betrug. Manipulation und Täuschung hat es immer schon gegeben und wird es auch weiterhin geben, in der Gesellschaft und im Sport. Seien wir generell kritisch und picken uns nicht einzelne Sportarten als Sündenböcke heraus. Wir Hobbyfahrer*innen und Fans wünschen uns eine faire Debatte und keine Stigmatisierung unseres Sports.

Zudem gibt es noch zwei weitere wesentliche Aspekte, die die grandiosen Leistungen erklären und gerade Außenstehenden eher nicht bewusst sind: Material und Trainingssteuerung. Wie ich schon zuvor geschrieben habe, hat sich der Radsport, im Zuge des technischen Fortschritts, auch weiterentwickelt. Diese Entwicklung war gerade in den letzten zwanzig Jahren rasant. Die Räder sind immer leichter, windschnittiger und damit viel schneller geworden. Der Rollwiderstand der Reifen hat eine völlig andere Dimension erreicht. Vergleicht man ein aktuelles Rennrad z.B. mit dem von Jan Ullrich bei seinem Tour de France Sieg 1997, dann verhält sich das so, als ob man mit einem alten Gaul gegen ein junges Rennpferd gewinnen wollen würde. Die Rennräder heutzutage sind unfassbar schnell, bergauf und bergab. Auch die Fahrer*innen haben sich weiterentwickelt. Während früher im Trainingslager oder nach Rennetappen gerne mal über den Durst getrunken wurde, so wird heute sehr genau auf Ernährung und Erholung geachtet. Die Profis leben nach minuziösen Trainings-, Erholungs- und Ernährungsplänen und versuchen so ihre Leistungsfähigkeit zu optimieren. Nichts wird mehr dem Zufall überlassen, alle biometrischen Daten werden aufgezeichnet. Das ist anstrengend, ermöglicht aber auch einen individuellen Leistungszuwachs, den früher fast nur Doper*innen erreichen konnten.

Zieht man die genannten Faktoren in Betracht, so werden die unglaublichen Leistungen heutzutage erklärbarer. Ja, es ist möglich als „sauberer" Sportler bzw. „saubere" Sportlerin solche Leistungen zu erbringen, natürlich auch in anderen Sportarten.

XI.   Auf den Spuren der Helden

Jede Sportart hat ihre Besonderheiten, ihre kulturellen Traditionen und eine enthusiastische Teilhabe. Aber gerade Letztere macht den Rennradsport zu einer Disziplin, mit der wohl kaum eine andere Sportart mithalten kann. Kann ein Fußball-Fan an der Anfield Road des F.C. Liverpool einfach so auf den Rasen gehen oder aufs Tor schießen? Ein Formel-1-Fan ein paar Runden auf der Rennstrecke von Imola drehen? Ein Tennis-Fan auf dem Court von Roland Garros in Paris spielen? Wohl kaum.

Und wenn, dann wohl nur als Besucher*in einer Besichtigungstour unter Begleitung eines Verantwortlichen. Jeder Rennradfahrer und jede –fahrerin darf sich glücklich schätzen die epischen Orte seines Sports frei besuchen und befahren zu dürfen! Egal ob die epischen Anstiege zum Mont Ventoux, nach Alpe d`Huez, zur Planche des Belles Filles, die Hellingen wie den Koppenberg oder den Oude-Kwaremont der Ronde van Vlaanderen oder den Wald von Arenberg mit seinem mörderischen Kopfsteinpflaster oder auch die Radrennbahn von Roubaix, all diese Orte der Helden dieses Sports kann jeder Fan besuchen, befahren und die Leistungen der Größten dieses Sports nachempfinden: *Schau da, sie fahren gerade den Col du Galibier hoch. Den habe ich auch schon in den Beinen. Was für eine Qual, was für ein Erlebnis!* Wo sonst kann man sich so dicht auf den Spuren seiner Helden bewegen? Einzigartig. Und nicht nur das. Während andere

Sportarten teilweise horrende Eintrittspreise verlangen, ist der Radsport für Fans und Zuschauer kostenlos. Jeder bzw. jede kann sich einfach an den Straßenrand stellen und den Alleskönnern auf dem Rad zujubeln, Fotos aus nächster Nähe schießen und die Kraft, die Anstrengung und den Wettkampf förmlich hautnah spüren. Es ist, als würden die Sportler*innen zu den Fans kommen, in ihre Städte, in ihre Gegenden. Das Stadion, die Arena kann überall und immer woanders sein. Stundenlang, manchmal sogar tagelang harren die Zuschauer am Straßenrad der Berghänge aus, in Zelten oder Wohnmobilen, schreiben die Namen ihrer Idole auf die Straße und warten sehnsüchtig darauf, sie für einen kurzen Moment bei sich zu haben. Oftmals lassen sie den Fahrerinnen und Fahrern nur wenige Meter Platz, während sie einer Wand von Menschen entgegenfahren und frenetisch angefeuert werden. Leider wird ihnen teilweise auch von sogenannten „Fans" auf den Rücken geschlagen, was sie gar nicht mögen, oder sie werden manchmal sogar bespuckt oder mit Gegenständen beworfen. Stellen Sie sich das bei Christiano Ronaldo oder LeBron James vor. Undenkbar. Diese geschilderte Erfahrbarkeit der „Sportstätten" und die Nähe zu den Profisportler*innen ist wohl einmalig für einen Fan. Wenn wir ihnen schon so nah kommen dürfen, dann sollten wir umso mehr Respekt und Anerkennung vor ihren Leistungen haben und einen ehrfürchtigen Abstand zu ihnen einhalten.

Es ist der 18. Juli 2022. Heute ist es soweit. So lange habe ich diesem Moment entgegengefiebert. Auf den heimischen Anstiegen habe ich über Wochen zuvor trainiert, wohl wissend, dass ich die Belastung, die mich gleich erwarten wird, nur bedingt simulieren kann. Das Rad ist frisch geputzt, der Antrieb schnurrt wie ein Kätzchen, denn nur ein sauberes Rad ist auch ein schnelles Rad. Es wird hell. Im Morgengrauen steige ich aus meinem Zelt, verpflege mich mit einem nahrhaften Frühstück beim Anblick der Berge. Sie wirken so majestätisch und beängstigend zugleich. Ein Mann, sein Rad und die Berge, es gibt nichts Schöneres für einen Pedalero. Ein letzter Check. Die Trinkflaschen sind gefüllt, der Reifendruck stimmt, die Energieriegel und -gels in der Trikottasche verstaut, die notwendigen Reparatur-Utensilien vollständig. Ich raste mit den Schuhen in die Pedale ein und mache mich auf den Weg. Ein breites Grinsen erstrahlt in meinem Gesicht, die Augen von Glückstränen genässt. Es ist sechs Uhr in der Früh. Ich stehe am Fuße des Passes, die Straße ist noch menschenleer. Das wird sich in einigen Stunden ändern. Dann wird hier der Punk abgehen. Radfahrer, Autofahrer und Motorradfahrer soweit das Auge reicht. Auf dem Schild unten am Ortsausgang von Prad steht weiß auf blau: Stilfserjoch – Passo Stelvio. Ich bin ergriffen. Da bin ich nun, bereit mich mit diesem Monster zu messen. 48 Kehren führen dort hinauf, 25 km lang, bei durchschnittlich 8% Steigung. Es ist eine der höchsten Alpenpassstraßen Europas auf knapp 2.760 Meter. Der Passo dello Stelvio ist ein Mekka, ein Muss für jeden Rennradfahrer und jede Rennradfahrerin. Gleich wird es hart, sehr hart. Zudem wird es heiß, jetzt Mitte Juli. Deshalb bin ich so früh hier, bevor die Sonne mir das Unterfangen noch schwerer macht. Gamoi, danach Trafoi, die kleinen Ortschaften ziehen an mir vorüber. Ich genieße die Ruhe des Morgens um mich herum. Ein Mann steht auf dem Balkon seines Hotelzimmers und schießt Fotos von der Einsamkeit der Berge. Vielleicht bin auch ich auf seinem Foto-Film verewigt. Ich stelle mir vor, wie er zuhause seine Aufnahmen Bekannten und Freunden zeigt: *Schau hier, das ist so ein ver-*

rückter Radfahrer, die fahren da tatsächlich hoch, diese Spin-
ner. Meter um Meter wird mir bewusst, dass der Asphalt unter mir schon viele Helden gesehen hat,
und ich fahre jetzt genau hier, auf ihren Spuren, ihren Heldentaten des Giro d`Italia. Gänsehaut über-
kommt mich. Was für ein wunderschönes Sportsta-
dion mitten in der Abgeschiedenheit der Welt. Nun
beginnen die berühmten Kehren, es geht richtig los:
Bin ich dieser Straße würdig, werde ich ihr die Ehre und den
Anstand entgegenbringen, die sie verdient? Ehrfurcht
macht sich in mir breit, doch ich bin dazu bereit alle
Opfer und allen Schmerz auf mich zu nehmen.
Kehre 34. Gleich ist es soweit, ich habe es schon
auf einigen Bildern gesehen. Kehre 33: Marco Pan-
tani, Michele Scarponi, Vincenco Nibali, Fabio Aru.
Italienische Helden, verewigt auf den Begrenzungs-
steinen einer Kurve mitten in Wald. Tatsächlich, sie
waren hier, genau hier, wo ich jetzt mit meinen
kümmerlichen zwölf Stundenkilometern vorbei-

fahre. Wie schnell mögen sie gewesen ein? Legenden, Vollprofis, ich nur ein kleines Licht im Schatten ihrer Strahlkraft. Aber es macht mich so glücklich ihre Leistungen wenn auch nur erahnen zu dürfen. Schon jetzt leide ich wie ein Hund und es ist noch weit bis zum Gipfel. Stoisch trete ich weiter in die Pedale. Die Straße scheint endlos zu sein, wie ein langer Wurm, der sich durch den Wald windet. Keine Verschnaufpause, kein Meter, der etwas flacher wird. Ich umfahre die Kurven weiträumig um ein wenig Entlastung zu erfahren: *Drücken, ziehen, drücken, ziehen...gleichmäßiges Tempo, locker bleiben, nicht in den Schultern verkrampfen. Dich erwarten noch gute zwei Stunden Schinderei, du darfst nicht überziehen, nicht übermütig werden.* Nun erreiche ich die Baumgrenze. So sehr mich dieser Etappenerfolg positiv stimmt, weiß ich, dass es jetzt nicht leichter wird. Im Gegenteil. Die Sonne steigt über die Bergspitzen und brennt auf mich nieder. Hitze macht sich breit, ich öffne mein Trikot. Kehre 22: Ich biege um die

Kurve und sehe ihn vor mir, den Gipfel. Oben ist ein kleines Haus zu erkennen, doch bis dahin wieder eine endlos wirkende Straße, die wie ein zackiger Faden im Steilhang hängt. Ein erster Zweifel überkommt mich: *Ist das vielleicht doch eine Nummer zu groß für mich, vielleicht habe ich nicht genug trainiert?* Doch ich fahre weiter. Meine Beine brennen schon ordentlich und der Nacken schmerzt ebenfalls. Kehre 16: 2300 Meter über Meereshöhe. Das Atmen fällt mir langsam immer schwerer, die Luft wird dünner. Ich versuche noch etwas Tempo raus zu nehmen, aber von Erholung keine Spur. Einige Radfahrer*innen überholen mich, aber andere sind abgestiegen und schieben ihr Rad. Das kommt für mich nicht in Betracht. Entweder ich komme da auf dem Sattel an oder sie können mich hier von der Straße kratzen. Kehre 10: Ich kann nicht mehr, ich bin leer. Die Selbstgespräche werden immer intensiver, ich versuche mich gedanklich zu überlisten, rede mir ein, dass das ja nur noch wenige Kilometer sind und ich so viel geschafft habe. Außerdem bin ich schon so viele Berge raufgefahren, da werde ich doch dieses Stück auch noch schaffen. Gleichzeitig winselt der Körper um Gnade, er kann den Schmerz nicht mehr länger ertragen. Ich bin bereit dem nachzugeben, doch ich sehe auch das Ziel immer näherkommen: *Versuch es. Noch eine Kehre, nur noch eine weitere.* Die letzten Kilometer scheinen immer steiler zu werden, als würde man gegen eine Wand fahren. Ich schaue nur noch auf die Schilder der letzten Kehren und zähle sie mantraartig runter. Aus meiner Trikottasche ziehe ich ein Foto meiner Mutter. Wie gerne wäre sie jetzt mit mir hier, würde oben auf mich warten und mich auf den letzten Metern anfeuern. Es gibt kein Zurück, es kann kein Zurück geben. Mein Körper funktioniert nur noch, ich habe das Sagen über ihn verloren. Der Wille ist stärker als so manche scheinbare Grenze, er lässt dich siegen oder scheitern. Ich passiere das Schild: *Passo dello Stelvio – Cima Coppi – m. 2760.* Da steh ich nun, am Ziel meines Wagnisses, am Ziel eines großen Traums. So sehr es mich Kraft und mentale Stärke gekostet hat, so wird mir jetzt noch mehr bewusst, dass meine Leistung nichts ist, im Vergleich zu den wahren Heroen dieses Sports. Mein Respekt und meine Ehrfurcht vor ihren Leistungen ist jetzt umso größer. Dennoch bin ich stolz und dankbar, denn für einen Normalo wie mich ist das ein Triumph, den ich nie vergessen werde.

Nach einem kurzen Gefühl des Erfolges, einer Bratwurst mit Cola auf dem Gipfel muss es wieder abwärtsgehen. Eigentlich will ich das nicht, will diese Errungenschaft nicht schon wieder verlassen, aber zu einer Bergauffahrt gehört nun mal immer auch eine Abfahrt – und was für eine. Schon zuhause habe ich mir Gedanken gemacht, wie ich diese bewältigen will, ohne mich umzubringen. Solche Abfahrten von Bergpässen kann man mit nichts vergleichen, sie fordern alles, vom Kopf und vom Material. Dazu kommt die körperliche Müdigkeit, die man bereits in den Knochen hat. Ich verspüre eine gewisse Angst und Ehrfurcht vor den kommenden ca. 30 Minuten. Doch ich will auch nicht runterkriechen wie ein Feigling, einen gewissen Anspruch an sich selbst hat man ja schon. Also lasse ich die Bremsen los und lasse es rollen. Das Oberrohr zwischen den Knien eingeklemmt, die Pedale mit gleichem Druck waagerecht, Griff am Unterlenker, zwei Finger auf dem Bremshebel, das Kinn knapp über den Lenkervorbau, Köpergewicht leicht nach hinten auf das Hinterrad versetzt. Schnell erreiche ich bis zu 70 km/h und rase so auf jede Spitzkehre zu. Erst hinten anbremsen, dann vorne, nicht gleichzeitig, nicht zu früh, um die Bremsen nicht zu lange schleifen zu lassen, sonst können sie, bei Scheibenbremsen, verglasen, oder in meinem Fall, bei Felgenbremsen, die Bremsflanken so heiß werden lassen, dass die Reifen platzen. Bergauf brauchst du die Kontrolle über deinen Körper, bergab in erster Linie über das Material.

Rein in die Kehre, Linie finden, immer dahin schauen, wo man hinwill, rausbeschleunigen, wieder Position einnehmen. Immer wieder der gleiche Ablauf. Es läuft gut, doch das heißt nichts. Jede Kurve ist ein Neuanfang, nichts ist gewiss, Selbstsicherheit tödlich. Ich spüre wie die tausenden von Kilometern an Erfahrung die Arbeit übernehmen, Automatismen, die man über Jahrzehnte bis zur Perfektion einstudiert hat. Und dennoch muss man fokussiert bleiben, alles im Blick behalten, hinhören und fühlen. Unten angekommen drehe ich mich noch einmal um: *Was für ein Ritt!* Ich rufe meine Frau an: „Alles gut, ich lebe." Ich lebe mehr als jemals zuvor. Am liebsten würde ich wieder hochfahren, auch, wenn mein Körper da anderer Meinung ist: *Wir sehen uns wieder, mein großer Freund. Du wirst mich nicht mehr los.*

XII.   Flamme Rouge

Die Flamme Rouge ist der letzte Kilometer in einem Rennen. Die letzten tausend Meter bis zum Ziel, bis zum Triumph oder bis zur Erlösung. All der Weg, die Schönheiten und Schwierigkeiten, um gleich vom Rad zu steigen? So befreiend das Gefühl es geschafft zu haben auch ist, es ist immer auch ein kleiner Abschied. Dieses Gefühl habe ich, wenn ich zum Ende des Jahres meinen Radcomputer betrachte. All die tausenden Kilometer, die zehntausenden Höhenmeter, zack, rüber ins Daten-Archiv, in wenigen Sekunden. Alles beginnt von vorne. Es ist ein zweiseitiges Empfinden: zum einen die Erinnerungen an all die Ausfahrten, Passüberquerungen und Jedermann-Rennen, damit der Stolz es geschafft und erreicht zu haben, zum anderen der Bammel vor dem nächsten Jahr. Natürlich herrscht eine gewisse Vorfreude auf das Kommende, aber wird auch alles gut gehen? Werde ich die Gesundheit, die Beine haben? Der Sport erfordert nun mal eine gewisse Härte und Belastungsfähigkeit. Was sollen die nächsten Ziele sein? Gibt es überhaupt welche? Denn nichts ist schlimmer für einen Sportler bzw. eine Sportlerin, als all seine Ziele erreicht zu haben. Das sind Fragen, die jeden Rennradsportler, jede Rennradsportlerin beschäftigen, egal ob Profi- oder Hobbyfahrer*in.

Doch ist das Leben nicht generell ungewiss? Wir leben in einer trügerischen Sicherheit, deren wir uns oft nicht bewusst sind bzw. vielleicht nicht sein wollen. Wir planen, investieren groß in die Zukunft und doch kommt alles häufig ganz anders. Viele richten sich für die Ewigkeit ein, da kann man nur enttäuscht werden. Alles ist, in jedem Moment, so besonders, weil diese Momente eben begrenzt sind. Sie wären nichts mehr wert, wenn sie für immer wiederholbar wären. „Who wants to live forever?", sang Freddie Mercury von Queen. Wir dürfen nicht zu sehr in unser Leben verliebt sein. Das ist die Schattenseite des Individualismus, er mündet oft im Egoismus. Doch jede Generation, jeder Mensch ist nur ein Teil eines großen Ganzen, wie ein Kettenglied, das mit den Anderen verbunden ist und so den Lauf der Geschichte, der Geschichten von Gedanken, Erfahrungen sowie Anekdoten mitnimmt, weiterschreibt und weitergibt. Jeder kleine Teil ist wichtig, ohne ihn gibt es kein Davor und kein Danach. Damit bleibt er, so klein und nichtig er auch erscheinen mag, für immer erhalten. Wenn wir akzeptieren, dass wir nur dieses eine Kettenglied sind, dass jemand Platz für uns im Peloton des Lebens gemacht hat, so wie wir für jemanden Platz machen müssen, denn wir alle können nicht in einem unbegrenzt wachsenden Peloton fahren, das funktioniert nicht, dann wird uns das Leben im Hier und Jetzt leichter fallen, uns unsere Aufgabe und

Bedeutung gelassener vor Augen führen. Jede Pedalumdrehung, jede Handlung schreibt die Geschichte fort, deren Puzzlestück wir für immer bleiben. So abgedroschen es auch klingen mag, aber das Leben passiert nur jetzt. Alles, was ich bin, was ich kann, was ich fühle, ist jetzt. Oder wie es der berühmte englische Ökonom John Maynard Keynes einmal treffend formuliert hat: „In the long run we are all dead." Auch wenn er es in einem anderen Zusammenhang, nämlich einem ökonomischen, gemeint hatte, so lässt es sich auf das Leben an sich übertragen. Nicht zu verbissen den Dingen nachjagen, sich reinsteigern oder optimieren. In der heutigen Zeit kann man mit den technischen Möglichkeiten alles überwachen. Kleine Geräte an unseren Handgelenken nehmen sämtliche Daten über uns auf, wenn wir es wollen. Gerade viele ambitionierte Radsportler*innen jagen nach dem perfekten Schlaf, der perfekten Zonenbelastung, Regeneration, Wattzahl, Ernährung usw. Dabei besteht die Gefahr das Wesentliche aus den Augen zu verlieren: den Moment, die Empfindung und Wahrnehmung des eigenen Seins. Was nützt mir all die Optimierung, wenn es eh auf den Verfall hinausläuft? Man kann diese Sichtweise als pessimistisch betrachten. Ich sehe darin ein großes philosophisches Vergnügen. Der französische Radprofi und Philosoph Guillaume Martin schreibt in seinem Buch *Die Gesellschaft des Pelotons*: „Wenn ich meinen Leib quäle, experimentiere ich und werde mir der Existenz und Bedeutung meines Körpers bewusst: Es ist die einzige Sache, die zählt." Und weiter: „Beim Radfahren lerne ich, einer Sache einen Sinn zu geben, die grundsätzlich keinen Sinn hat." Also weg mit dem Schi-Schi, mit all den überzogenen Zielen, der Sinnüberladung. Die kindliche Freude des ersten Rausches, darauf kommt es an! Henry David Thoreau schreibt in seinem Buch *Walden oder Leben in den Wäldern:* „Wir pflegen die Wichtigkeit unserer Werke zu überschätzen!" Oh, wie recht er doch hat. Einem Kind ist das fremd. Es ist so herrlich unvernünftig und verspielt. Eine Leichtigkeit, die uns im Laufe des Lebens abhandenkommt. Daher ist für Friedrich Nietzsche das spielende Kind das Finale der Emanzipationsgeschichte, ein schöpferisches Wesen, das sich leidenschaftlich und uneitel im Moment und seinen Zielen verliert. Die letzten Meter sind nicht die letzten Meter. Sie sind einfach nur Meter in einem großen Ganzen. Schauen wir auf sie voller Hingabe als wären sie die Einzigen, die wir je gefahren sind. Darin liegt der Zauber.

Ich biege in die Straße ein, fahre durch den kleinen Tunnel hinten auf den Garagenplatz. Da steh ich nun, 30 Jahre später. Der Zahn der Zeit hat ganze Arbeit geleistet. Der Asphalt hat einige Risse dazu bekommen, die Farbe auf dem Garagentor Nr.4 ist ordentlich abgeblättert. Ich lehne mein Rad dagegen. Es ist nicht mehr rot wie damals, sondern schwarz. Ich betrachte dieses Bild eine Weile. Sofort kommt die Erinnerung an die alte, unrunde Pedale in mir hoch. Ich muss schmunzeln: *Na da habe ich mich fahrzeugtechnisch ja doch ganz gut gesteigert.* Ich blicke hinauf zu den Fenstern meines Großvaters: *Jetzt steh ich stumm, das Holz wird morsch bis es zerbricht, dein Fenster geht auf, doch es ist nicht dein Gesicht...* Ich sehe Leute die Straße entlanggehen, doch ich kenne keinen von ihnen. Niemand weiß, was hier geschah, außer mir. Für einen kurzen Moment lebt die Vergangenheit wieder auf. Der rote Blitz, das T-Shirt im Wind, das Zurückeilen zum Mittagessen. Der Beginn einer Reise, die bis heute anhält: *Jede Erinnerung führt mich zurück zu dir, jeder Traum, der in mir erwacht, lässt mich wieder leben, mit dir...* Ich sende einen Luftkuss gen Himmel, die Schuhplatten rasten in die Pedale ein, nächstes Ziel: Mont Ventoux.

Epilog

Vielleicht haben Sie sich am Anfang oder während des Lesens gefragt, warum dieses Buch *Wölfe der Straße* heißt. Nun, das liegt daran, dass der Rennradfahrer bzw. die Rennradfahrerin für mich eine Menge mit dem Wolf bzw. mit einem Wolfsrudel gemeinsam hat. Darüber hinaus bin ich von Wölfen an sich fasziniert und beschäftige mich mit ihrem Wesen und ihrer Lebensweise.

Wölfe sind Einzelgänger oder bewegen sich in Rudeln. Sie sind sehr scheu, man bekommt sie so gut wie nie zu Gesicht. Sie können aber ungemütlich werden, wenn man sie bedrängt. Sie sind äußerst sozial, verteidigen ihr Rudel bis aufs Blut, aber suchen nicht die Konfrontation. Sie brauchen einen großen Lebensraum, legen weite Strecken zurück und versuchen dabei nicht gesehen zu werden. Kleine Reviere sind für sie unnatürlich und die zunehmende Urbanisierung erst recht. Zudem haben

Wölfe ein Imageproblem. Gesellschaftlich werden sie überwiegend mit etwas Schlechtem assoziiert. Das fängt schon bei Kindermärchen wie *Rotkäppchen und der Wolf* an. Viele Menschen haben daher Angst vor Wölfen und sind der Meinung, dass sie von Grund auf ein böses Wesen in sich tragen. Hinzu kommen Berichte in den Medien, dass sie sich immer weiter feindlich ausbreiten und hilflose Nutztiere des Menschen wie Schafe oder Hasen reißen. Das ist in der Tat so, aber es hängt vor allem mit dem bereits erwähnten begrenzten Lebensraum zusammen. Wölfe verstehen nichts von Zäunen oder Nutzflächen. Für sie ist die Landschaft unbegrenzt, die Welt gehört niemandem. Es gilt nur das Gesetz der Natur: *Fressen und gefressen werden*. Der Wolf ist daher nicht sonderlich beliebt und es wird immer wieder gefordert, dass er zurückgedrängt oder systematisch abgeschossen werden sollte, obwohl er für das Gleichgewicht der Populationen von Wildtieren unverzichtbar ist.

Zwischen dem, wie der Wolf wirklich ist und was wir aus ihm gesellschaftlich gemacht haben, liegen Welten. Sein Ansehen ist ein Produkt unserer Märchenerzählungen, unserer Vorurteile und unserer egoistischen Lebensweise. Es braucht immer einen Sündenbock und der Wolf scheint dafür wie gemacht zu sein, weil er unter uns ist, aber sich nicht domestizieren bzw. beherrschen lässt. Er fordert seinen Lebensraum für sich ein, der ihm, wie jedem anderen Lebewesen auf dieser Welt auch, zusteht. Nicht ausreichende Nahrungsressourcen und damit verbundener Hunger durch das Zurückdrängen natürlicher Lebensräume führt eben zu solchen Taten, die dann gerne medial ausgeschlachtet werden. Wenn der Mensch ihm diese durch seine Lebensweise, seine Landwirtschaft oder seine Viehzucht nimmt, dann weiß er sich zu verteidigen. Unbeugsamkeit und Beharrlichkeit kommen in der Regel nicht gut an. Aber der Wolf lässt sich davon nicht beirren. Er geht diesen beschwerlichen Weg, wenn auch nicht bewusst, auch, wenn das Leben als folgsames Lämmchen deutlich angenehmer wäre.

Der Rennradfahrer bzw. die Rennradfahrerin ist auf der Straße ebenfalls ein nicht gern gesehener Zeitgenosse. Dabei beansprucht er nicht viel. Er will nur stoisch und in gebückter Haltung seine Kilometer abspulen, sich mit niemandem anlegen, seine Ruhe haben. Auch er hat das Recht die Straßen zu nutzen und gleichzeitig doch nicht, zumindest in den Augen vieler anderer Verkehrsteilnehmer. Gerne wird er als „Kampfradler" tituliert, der rücksichtlos gegen alle Regeln verstößt und nur darauf wartet einen motorisierten Verkehrsteilnehmer anzugreifen. Somit wird er provoziert, bedrängt und teilweise verletzt, nur, weil er da ist. Dabei hat er noch nicht mal ein kleines Mädchen mit einer roten Kappe verspeist. Warum diese Aggression, diese

Rücksichtslosigkeit? Ist es wirklich so herausfordernd einen Rennradfahrer bzw. eine Rennradfahrerin mit Sicherheitsabstand zu überholen? Was soll das provokante Beschleunigen auf gleicher Höhe, das Scheibenwasser, die Beleidigungen? Ist das eigene Leben wirklich so langweilig und trist, dass man sich so bei Laune halten muss? Wenn ja, dann ist das umso trauriger. Es ist nicht leicht der Leidenschaft für seinen Sport nachzugehen, wenn man sich grundlos fürchten muss. Aber Aufgeben ist auch keine Option. Die Rennradfahrer*innen müssen sich wie die Wölfe immer wieder beweisen, ihren „Lebensraum" verteidigen, gegen ihre Bedrohung ankämpfen. Es ist eigentlich verstörend solche Zeilen überhaupt schreiben zu müssen, aber es ist leider die Realität für uns Rennradfahrer*innen. All das müsste nicht sein, wenn wir alle uns empathischer begegnen und auf die Belange anderer mehr achten würden, denn wir sind alle Akteur*innen im gleichen Spiel.

Danksagung

Ich bedanke mich bei allen lieben Menschen, die mir geholfen haben dieses Buch zu realisieren. Besonders danken möchte ich meiner Frau und meinen Söhnen, die mir immer den Rücken freihalten, mich über Stunden auf die Landstraßen ziehen lassen und meine Radreisen zu den Monumenten dieses Sports mitmachen. Euch von meinen Erlebnissen zu berichten ist das Größte für mich. Natürlich möchte ich auch meinem Großvater danken, der mir von oben bei meinen Ausfahrten zuschaut. Nur dank dir konnte ich all das zu Papier bringen. Zum Schluss möchte ich meiner Mutter danken, die immer an mich geglaubt hat, mir alles gab und mein größter Fan war. Du fährst auf jedem Meter in meinem Herzen mit.

Eine Auswahl von Radsportbüchern, die ich lesenswert finde:

Aus dem Windschatten: Wie ich den Radsport lieben und das Siegen lernte, von A. Greipel (2021)

Anquetil: Mit Leib und Seele, von P. Fournel und S. Rodecurt (2014)

Das Gespür für den Augenblick: Mein Weg in den Profiradsport und wieder hinaus, von M. Kittel (2021)

Der kahle Berg: Auf und über den Mont Ventoux, von Lex R. und W. Janssen Steenberg (2020)

Der Schweiß der Götter: Die Geschichte des Radsports, von B. Maso (2011)

Der steile Anstieg zum Olymp: Vierzehn legendäre Radfahrer und ihre Geschichten, von G. Pellizzari und L. Ruby (2018)

Die Gesellschaft des Peletons: Eine Philosophie des Einzelnen in der Gruppe, von G. Martin (2022)

Die Radsport-Mafia und ihre schmutzigen Geschäfte, von T. Hamilton (2012)

Domestik: Das wahre Leben eines ganz normalen Radprofis, von C. Wegelius (2015)

Gestürzt, von D. Nerz (2019)

Ihr elenden Mörder: Kuriose Geschichten von der Tour de France, von J. Löhle (2019)

Lance Armstrong: Wie der erfolgreichste Radfahrer aller Zeiten die Welt betrog, von J. Macur (2014)

Legendäre Pässe: Radsport-Leidenschaft vom Stilfser Joch bis Aple d`Huez, von F. Backelandt und D. Stockman (2022)

Radsportberge und wie ich sie sah, von G. Thomas (2021)

Shut Up Legs: Meine Profijahre, von J. Voigt (2010)

Unter Profis, von T. Dekker (2017)

Ulle: Jan Ulrich: Geschichte eines tragischen Helden, von S. Moll (2024)

Ventoux, von B. Wagendorp (2016)

Vollblutrennfahrer: Meine zwei Leben als Radprofi, von D. Millar (2012)

Von Pandabären verfolgt: Mein Leben in der wundersamen Welt des Radsports, von D. Martin (2023)

Zugtiere in Trägerhosen: Wie ich meinen Traum vom Radprofi lebte, von P. Gaimon (2018)